Muttersprache plus

8 Arbeitsheft

Lösungen

W0272644

Seite 6

1 b Der Text handelt von einer tollen Erfindung, dem Internet, das in unserem Alltag eine immer größere Rolle spielt.

1 c Die vier Bereiche sind Kommunikation, Unterhaltung, Digitale Spiele und Informationssuche.

2 a Die beiden Quellen sind die JIM-Studie, eine wissenschaftliche Untersuchung zur Mediennutzung von Jugendlichen, und der „Leitfaden für Jugendliche im Netz" von der Uni Köln.

2 b Mädchen benutzen häufiger Instagram als Jungen. / Die Musikvideos auf Youtube sind bei Mädchen etwas beliebter als bei Jungen. / Deutlich mehr Jungen als Mädchen spielen täglich Online-Spiele. / Mehr Mädchen als Jungen verbringen ihre Freizeit mit Informationssuche.

3 a 99 Prozent der 10- bis 27-Jährigen surfen täglich mit dem Smartphone. 35 Prozent spielen täglich Computerspiele.

4 Der Text ist rein informierend.

Seite 7

5 a Der Text handelt von den sozialen Netzwerken und dem Gruppendruck, der durch sie entstanden ist.

Seite 8

5 b Der wertende Charakter des Textes zeigt sich in Zeile 9, Zeile 17 (Ende) bis 20, Zeile 25 bis 27, Zeile 28 bis 30.

5 c Die Autorin vertritt den Standpunkt, dass die sozialen Netzwerke bei allen Vorteilen auch erhebliche Nachteile haben: Sie setzen die Jugendlichen unter Druck, ständig online zu sein, um nichts zu verpassen. Darunter leidet bei vielen der Schlaf und die Konzentrationsfähigkeit. Sie sind in Gefahr, durch nicht jugendfreie Angebote Schaden zu nehmen, gemobbt zu werden oder bei kostenpflichtigen Online-Spielen Geld zu verlieren.

5 d/e/f

Pro-Argumente

- Jugendliche können ihre Gedanken, Erlebnisse und Meinungen posten und mit anderen Nutzern diskutieren.
- Man kann andere Profile anschauen und Gruppen zu verschiedenen Themen bilden.
- Die Nutzer/-innen können Fotos hochladen und austauschen.
- Es gibt Neuigkeiten aus Lebensbereichen wie Sport, Musik oder Stars.
- Sie können online spielen.
- Sie können ständig Kontakt zu Freunden halten.

Kontra-Argumente

- hoher Gruppendruck und Gefahr, Außenseiter zu sein
- Ständige Erreichbarkeit stört den Schlaf, die Konzentration und mindert die schulischen Leistungen.
- Falsch gesetzte „Häkchen" können zu Katastrophen führen.
- Nutzer/-innen können auf nicht jugendfreie Seiten geraten.
- anonymes Mobbing
- „Abzocke" bei Online-Spielen

Seite 9

6 b Verwende sichere Passwörter / Installiere ein Anti-Virenprogramm / Schütze deinen Computer mit einer Firewall / Sichere dein WLAN-Netzwerk über eine verschlüsselte Verbindung / Führe regelmäßig Sicherheitsupdates deines Betriebssystems durch / Öffne keine E-Mails mit unbekanntem Absender

6 c die Inanspruchnahme von kostenlosen Diensten / die unachtsame Nutzung von sozialen Netzwerken / die Datenspuren, welche durch die tägliche Nutzung (Chat, Shopping, Onlinebanking) im Internet hinterlassen werden

6 d Internetznutzer/-innen *sollten* Sicherheitsrisiken erkennen und sich dagegen schützen.
Sechs Tipps, wie du dich schützen kannst, im Imperativ: *verwende, installiere, schütze, sichere, führe durch, öffne keine …*

Seite 10

1 a **Einleitung:**
Rolle des Internets im Alltag / Chancen und Gefahren / Quelle 1: JIM-Studie zur Mediennutzung von Jugendlichen / Quelle 2: Leitfaden der Uni Köln
Hauptteil:
Vier Kategorien der Internetnutzung: Kommunikation (10 beliebteste Apps) / Unterhaltung durch Videos und Filme (wichtigste Anbieter) / Digitale Spiele (Geräte und beliebteste Spiele) / Informationssuche (Plattformen und Medien)
Schluss:
Was den Text interessant macht:
Unterschiedliches Medienverhalten von Jungen und Mädchen

1 b und c Mögliche Lösung (Inhaltsangabe):
Der Text „Das Internet, eine tolle Erfindung" berichtet über das Medienverhalten von jungen Leuten. In Sekundenschnelle können weltweit Informationen gesucht und ausgetauscht werden. Das Internet birgt aber auch Gefahren, die den Jugendlichen bewusst gemacht werden sollten. Die Informationen stammen zum einen aus einer aktuellen wissenschaftlichen Untersuchung, der sogenannten JIM-Studie, zum anderen aus einem „Leitfaden für Jugendliche im Netz" der Uni Köln.
Im Leitfaden wird die Internetnutzung in vier Kategorien unterteilt: Kommunikation, Unterhaltung, digitale Spiele und Informationssuche. Am häufigsten wird das Internet zur Kommunikation genutzt. Da die meisten Jugendlichen über ihr Smartphone ins Internet gehen, spielen Apps eine große Rolle. Allen voran WhatsApp, gefolgt von Instagram, YouTube, TikTok und Snapchat. Zur Unterhaltung sehen die Jugendlichen gerne Videos und Filme, vorwiegend bei YouTube, auf TikTok, Netflix und Amazon Prime. Bei YouTube gibt es kostenlose Filme aller Art. Digitale Spiele, die auf unterschiedlichen Geräten gespielt werden können, sind sehr beliebt. Am beliebtesten sind Fortnight, FIFA und Minecraft. Die Informationssuche spielt bei Jugendlichen keine große Rolle. Die bevorzugten Plattformen sind dabei Facebook und Twitter sowie die Nachrichtenportale von Zeitungen und Zeitschriften.
Interessant an diesem Text ist das unterschiedliche Medienverhalten von Mädchen und Jungen: Während WhatsApp bei beiden gleichermaßen beliebt ist, benutzen Mädchen Instagram zur Kommunikation deutlich häufiger als Jungen. Jugendliche sehen gerne Musikvideos bei Youtube, Mädchen lieber als Jungen. Deutlich mehr Jungen spielen täglich digitale Spiele, die Jungen sogar zwei Stunden, die Mädchen nur eine pro Tag. Mädchen verbringen jedoch mehr Zeit mit Informationssuche im Internet. Interessant ist auch, dass die jungen Leute bei der Frage nach vertrauenswürdigen Nachrichtenquellen die öffentlich-rechtlichen Fernseh- und Radiosender sowie regionale Tageszeitungen nennen.

Seite 12

1 b Mögliche Lösungen:
Hobbys als Freizeitbeschäftigung / Die Notwendigkeit von Hobbys / Sinn und Zweck von Hobbys

1 c Mögliche Lösungen:
Sollte man ein Hobby haben? / Ist es notwendig, ein Hobby auszuüben? / Sind Hobbys sinnvoll?

1 d Mögliche Lösungen:
Akim vertritt den Standpunkt, dass jede/-r mindestens ein Hobby haben sollte /Hobbys wichtig sind / Hobbys eine wichtige Bereicherung sein können.
Maren ist der Meinung, dass nicht jede/-r ein Hobby haben muss / jede/-r selbst entscheiden muss, ob er/sie ein Hobby ausübt/ Hobbys auch Nachteile haben können.

1 e

Argument	Begründung	Beispiel
1	*Man kann herausfinden, was …* einem Spaß macht	*Musikinstrument oder Sport …* auswählen (Zeile 6–8)
2	Vergrößerung des Freundeskreises	mit Gleichgesinnten zusammen sein beim Fußball- oder Theaterspielen (Zeile 9–11)
3	Hobbys als Ausgleich zum Schulalltag	abschalten können, Stressabbau / bessere Verarbeitung negativer Erlebnisse (Zeile 12–14)

Seite 13

1 g Mögliche Lösungen:
Akim ist es gelungen, seinen Standpunkt, dass Hobbys wichtig sind, zu verdeutlichen. Er hat drei Argumente aufgeführt, die seine Meinung belegen. Die von Akim genannten Begründungen hat er mit treffenden Beispielen verdeutlicht.
Akim ist es nicht /nur zum Teil gelungen, seinen Standpunkt, dass Hobbys wichtig sind, zu verdeutlichen. Er hätte noch weitere Argumente anführen müssen. Er hätte auch eine andere Reihenfolge für seine Argumente wählen sollen.

1 h Mögliche Lösung:
Ein weiterer Gesichtspunkt dafür, dass Hobbys wichtig sind, ist, dass Hobbys einem bei der Berufswahl helfen können. Durch das Hobby ist vielleicht schon das Interesse an einem Berufsbild geweckt worden und man konnte schon Erfahrungen auf diesem Gebiet sammeln.
Hobbys können auch Talente fördern. Wenn man etwas regelmäßig ausübt, zum Beispiel in einem Chor mitsingt, kann man seine Fähigkeiten oder Begabungen entwickeln und ausbauen.
Hobbys können die Selbstständigkeit fördern, denn wenn man ein Hobby hat, muss man für sich und auch für die anderen im Team Verantwortung übernehmen, Entscheidungen treffen und sich mit seinen Ideen und Fähigkeiten einbringen.

1 i Akim hat seine Erörterung richtig in Einleitung, Hauptteil und Schluss gegliedert.
Begründung: In der Einleitung nennt er das Thema und formuliert eine Problemfrage. Im Hauptteil verdeutlicht er mithilfe von Argumenten seinen Standpunkt und im Schlussteil fasst er seine Meinung zusammen und fordert zum Handeln / zum Aktivwerden auf.

1 j (1e Maren)

Argument	Begründung	Beispiel
1	Wer jede Woche das Gleiche macht, kann schnell die Lust daran verlieren.	kein regelmäßiges Üben mehr auf einem Instrument (Zeile 4–6)
2	Manche Hobbys sind kostenintensiv, sodass nicht jede/-r ihr/sein Traumhobby ausüben kann.	hohe Kosten für Bekleidung, z.B. Ballettschuhe (Zeile 8–9)
3	Oft bleibt zu wenig Zeit für schulische Aufgaben, weil zu viel Freizeit für Hobbys verwendet wird.	keine Lust für Hausaufgaben wegen später Rückkehr vom Training (Zeile 11–13)

(1g Maren) Mögliche Lösungen:
Maren ist es gelungen, ihren Standpunkt zu verdeutlichen. Sie hat drei Argumente ausgewählt, mit denen sie ihre Meinung verständlich belegt.
Maren ist es nicht gelungen, ihren Standpunkt zu verdeutlichen. Dafür hätte sie noch weitere Begründungen bzw. noch treffendere Beispiele aufführen müssen.
(1h Maren) Mögliche Lösung:
Das regelmäßige Ausüben eines Hobbys kann auch einen gewissen Frust erzeugen. Für manche ist es nervig, wenn sie Woche für Woche Zeit für ihr Hobby aufbringen müssen, z.B. immer dienstags um 16 Uhr für das Judotraining.
Wer über Jahre immer demselben Hobby nachgeht, bildet seine Fähigkeiten und Talente einseitig aus, beispielsweise werden bei einem Hobby im musischen Bereich eher keine sportlichen Fähigkeiten entwickelt werden.
Hobbys können auch zu einer Enttäuschung bei der Berufswahl führen, weil manche Freizeitaktivitäten nicht als Beruf umgesetzt werden können. Schließlich kann nicht jede/-r Profifußballer oder Ballerina werden.
(1i) Maren hat ihre Erörterung richtig in Einleitung, Hauptteil und Schluss gegliedert.

1 k Mögliche Lösungen:
Ich schließe mich Akims Standpunkt an, dass jede/-r mindestens ein Hobby haben sollte. Ich selbst bin in meiner Freizeit sehr aktiv. Regelmäßig gehe ich zum Handball und bin außerdem noch Mitglied der Jugendfeuerwehr. Dadurch habe ich einen großen Freundeskreis und außerdem ist es bei beiden Freizeitaktivitäten wichtig, Teamgeist zu entwickeln.
Ich schließe mich Marens Meinung an, dass nicht jeder ein Hobby haben muss. Meine Freizeit möchte ich mir jeden Tag nach meinen Wünschen gestalten und mich nicht ständig unter Druck einem festgelegten Zeitplan unterwerfen. So kann man viel mehr Möglichkeiten ausprobieren.

2 a Thema: Berufspraktika sind wichtig für die Berufsvorbereitung
→ Sind Berufspraktika wichtig für die Berufsvorbereitung?

2 b Mögliche Lösungen:
Berufspraktika sind meiner Meinung nach wichtig für die Berufsvorbereitung.
oder: Berufspraktika sind meiner Meinung nach nicht wichtig für die Berufsvorbereitung.

2 **c** Mögliche Lösungen:
Argumente für Praktika

Argument	Begründung	Beispiel
1	Berufe erkunden	Welche Fähigkeiten und Fertigkeiten sind erforderlich?
2	Einblick in die Arbeitswelt	Sammeln von Praxiserfahrungen
3	Lebenserfahrungen sammeln	Stärken und Schwächen erkennen Teamfähigkeit testen
4	Entscheidung für künftigen Beruf	Entspricht das den Vorstellungen?
5	Kontakte knüpfen	Chance auf Ausbildungsplatz

oder **Argumente gegen Praktika**

Argument	Begründung	Beispiel
1	Enttäuschung, das Praktikum entspricht nicht den Erwartungen	Aufgaben geben kaum Einblick in die Arbeitsabläufe
2	Arbeitswelt ist unangenehm / frustrierend	Schwierigkeiten zu wechseln
3	keine Garantie für Ausbildungsplatz	Zeitverlust bei Ausbildungsplatzsuche
4	Schreiben von Praktikumsberichten	Einschränkung der Freizeit
5	Bedingungen (Arbeitszeit / Betriebsstandort/...) nicht optimal	Unterordnen der Freizeitvergnügungen

2 **d und e** Mögliche Lösungen:
Für Berufspraktikum
Einleitung:
An vielen Schulen werden für die oberen Klassen Berufspraktika durchgeführt. Daraus ergibt sich die Frage, ob Praktika für die Berufswahl tatsächlich wichtig sind.
Hauptteil:
Meiner Meinung nach sind Berufspraktika wichtig für die Berufswahl. Man kann während eines Praktikums Einblick in die Arbeitswelt nehmen, indem man Erfahrungen sammeln und Arbeitsabläufe kennenlernen kann. Zum Beispiel erfährt man, welche Technologien im Betrieb eingesetzt werden und welche Voraussetzungen man mitbringen sollte für den gewünschten Beruf.
Außerdem kann man in einem Betrieb eine Reihe von Lebenserfahrungen sammeln, indem man durch die praktische Arbeit mit Erwachsenen seine Stärken und Schwächen besser erkennt und Teamfähigkeit und Verantwortungsbewusstsein entwickeln kann. Man gibt sich z.B. im Praktikum große Mühe, um die übertragene Verantwortung zu meistern.
Für ein Berufspraktikum spricht auch, dass man innerhalb des Unternehmens Kontakte knüpfen kann, die für die berufliche Zukunft wichtig sind, indem man beispielsweise eine Chance für einen künftigen Ausbildungsplatz erhält oder Tipps für die Bewerbungsunterlagen.
Schluss:
Berufspraktika sind auf jeden Fall wichtig für die Berufswahl. Es ist, wenn die Möglichkeit besteht, sogar ratsam, mehrere Berufspraktika zu absolvieren. Je mehr Erfahrungen man gesammelt hat, desto leichter fällt einem die Berufswahl.

Gegen Berufspraktikum

Einleitung:

An vielen Schulen werden für die oberen Klassen Berufspraktika durchgeführt. Daraus ergibt sich die Frage: Sind Praktika tatsächlich wichtig für die Berufswahl?

Hauptteil:

Meiner Meinung nach sind Berufspraktika nicht wichtig für die Berufswahl. Oft wird beklagt, dass das Praktikum nicht den Erwartungen entspricht und die Enttäuschung darüber groß ist, weil die Aufgaben kaum Einblick in die Arbeitsabläufe geben, z.B. wenn jemand jeden Tag Kaffee kochen und Putzarbeiten verrichten muss.

Oftmals sind auch die organisatorischen Bedingungen nicht optimal, teilweise sind die Wege zum Betrieb länger als der Schulweg und die Arbeitszeit ist anders eingeteilt als die Zeit in der Schule. Dies führt beispielsweise zu Einschränkungen der Freizeitaktivitäten und so kann z.B. am Fußballtraining nicht teilgenommen werden.

Einen weiteren Grund für das Ablehnen von Berufspraktika besteht für mich darin, dass es keine Garantie gibt, dass man in dem Unternehmen später einen Ausbildungsplatz erhält. Dann hat man unnötig Zeit in ein Praktikum investiert und ist enttäuscht. Die verlorene Zeit hätte man z.B. besser für Internetrecherchen oder Erkundungen im Familien- oder Freundeskreis bezüglich des Berufswunsches nutzen können.

Schluss:

Die angeführten Argumente stützen die Behauptung, dass Berufspraktika nicht wichtig für die Berufswahl sind. Informationen über den Wunschberuf kann man auch auf anderem Weg erhalten, z.B. in Berufsberatungszentren oder über Online-Portale.

Seite 14

1 **b** Mögliche Lösung:
Sollten Jugendliche noch mit den Eltern in den Urlaub fahren?

1 **c** Begründung / Beispiel
Wenn man mit den Eltern verreist, muss man sich um die Finanzierung des Urlaubs nicht kümmern. Meist übernehmen die Eltern die Kosten, sodass das Taschengeld, z.B. für Reisesouvenirs, Kino und andere Vergnügungen, übrigbleibt. [...]
Wenn die Eltern den Urlaub finanzieren, ist man von ihnen abhängig und muss dankbar sein. Man sollte sich z.B. ihren Vorhaben, Ausflügen u. Ä. anschließen.
Standpunkt: Man ist dafür, mit den Eltern zu verreisen.

Seite 15

1 **d** Kontra-Argument 2

1 **e** Mögliche Lösungen:
Argumente, die für das Verreisen mit den Eltern sprechen:
Argument 1:
Begründung: Bei unvorhergesehenen Problemen können die Eltern einem beistehen.
Beispiel: Zum Beispiel ist man bei einer Erkrankung nicht auf sich alleingestellt.
Argument 2:
Begründung: Wenn man gemeinsam mit den Eltern verreist, kann man Dinge miteinander erleben, wofür im Alltag keine Zeit ist.
Beispiel: Beispielsweise wird die gemeinsame Zeit genutzt für kleine Ausflüge oder sportliche Aktivitäten wie Beachvolleyball.

Argumente, die gegen das Verreisen mit den Eltern sprechen:
Argument 1:
Begründung: Jugendliche interessieren sich oft für ganz andere Dinge als die Erwachsenen.
Beispiel: So besuchen viele Eltern gern Museen und Ausstellungen, während Jugendliche sich vielleicht ein Fußballspiel ansehen oder einfach nur am Strand liegen wollen.
Argument 2:
Begründung: Oft geben die Eltern den Tagesablauf nach ihren Vorstellungen vor und grenzen die Aktivitäten ihrer Kinder ein.
Beispiel: So wollen Jugendliche im Urlaub Dinge ausprobieren, die den Eltern nicht gefallen oder ihnen keinen Spaß machen.

1 **f** Mögliche Lösungen:
Ich vertrete die Meinung, dass Jugendliche mit ihren Eltern in den Urlaub fahren sollten.
Oder: Ich bin der Meinung, dass Jugendliche allein, also ohne Eltern, in den Urlaub fahren sollten.

2 **a** Mögliche Lösung:
Mit dem 14. Lebensjahr beginnt für Jugendliche ein neuer Lebensabschnitt mit mehr Rechten, aber auch mehr Pflichten. Wenn die Eltern es erlauben, darf ein/-e Jugendliche/-r auch ohne sie verreisen. Daraus ergibt sich die Frage, ob man weiterhin mit den Eltern Urlaub machen will oder ob man in den Ferien lieber mit Freunden verreisen möchte. Zur Klärung dieser Frage ist es erforderlich, abzuwägen, was für und was gegen einen Urlaub mit den Eltern spricht.

2 **c** Mögliche Lösungen:
Argumente, die für das Verreisen mit den Eltern sprechen:
Argument 3:
Begründung: Man sollte die gemeinsame Ferienzeit mit den Eltern nutzen. Ohne sie kann man auch dann verreisen, wenn man erwachsen ist.
Beispiel: Es ist doch schön, wenn man später gemeinsam Erinnerungen austauschen und sich über schöne Erlebnisse freuen kann.
Argument 4:
Begründung: Wenn man gemeinsam mit den Eltern verreist, kann man ganz neue Eigenschaften an ihnen kennenlernen, die im Alltag nicht sichtbar werden.
Beispiel: So zeigt sich vielleicht ein stets korrekt wirkender Elternteil im Urlaub ganz entspannt und leger.
Argumente, die gegen das Verreisen mit den Eltern sprechen:
Argument 3:
Begründung: Wenn man ohne Eltern in den Urlaub fährt, hat man viel mehr Möglichkeiten, sich auszutesten und neue Freundschaften zu knüpfen.
Beispiel: In einem Feriencamp werden meist eine Menge Aktivitäten angeboten und man lernt viele neue Leute kennen.
Argument 4:
Begründung: Wenn Jugendliche allein oder mit Freunden reisen, können sie ihre Fähigkeiten besser entwickeln.
Beispiel: Damit der Urlaub mit Freunden zu einem echten Erlebnis wird, kommt es beim Zusammensein mit anderen Jugendlichen besonders auf Teamfähigkeit, Toleranz, Zuverlässigkeit und Anpassungsfähigkeit an.

d und e Mögliche Lösungen:
Für Reisen mit den Eltern:
Hauptteil (Argumente im Wechsel):
Viele 14-Jährige fahren durchaus noch gerne mit ihren Eltern in den Urlaub. Für das Verreisen mit den Eltern spricht, dass sie im Wesentlichen die Verantwortung während des Urlaubs übernehmen. So treffen sie z.B. Entscheidungen über Unterkunft, Finanzierung und Reiseverlauf oder bei einer Erkrankung.
Dem steht entgegen, dass die Jugendlichen, wenn die Eltern die Verantwortung und Kosten übernehmen, von ihnen abhängig sind und sich z.B. deren Vorhaben, Ausflügen usw. anschließen müssen.
Für einen gemeinsamen Urlaub mit den Eltern spricht aber auch, dass man ganz neue Eigenschaften an ihnen kennenlernen kann, die im Alltag nicht sichtbar werden. So zeigt sich vielleicht ein stets korrekt wirkender Elternteil im Urlaub ganz entspannt und leger.
Aber wer mit den Eltern verreist, ist stark an das familiäre Umfeld gebunden, sodass für das Knüpfen neuer Freundschaften wenig Spielraum bleibt.
Wichtig erscheint mir für das gemeinsame Verreisen mit den Eltern, dass man Dinge miteinander erleben kann, wofür im Alltag keine Zeit ist, und wodurch der Familienzusammenhalt gestärkt werden kann. Beispielsweise wird die gemeinsame Zeit genutzt für kleine Ausflüge oder sportliche Aktivitäten wie Beachvolleyball.
Demgegenüber ist aber zu bedenken, dass sich Jugendliche oft für ganz andere Dinge interessieren als die Erwachsenen, was zu Spannungen führen kann. So besuchen viele Eltern gern Museen und Ausstellungen, während sich die Jugendlichen vielleicht ein Fußballspiel ansehen oder einfach nur am Strand liegen wollen.
Besonders hervorheben möchte ich, dass man mit vierzehn durchaus noch gemeinsam mit den Eltern die Ferienzeit nutzen sollte. Ohne sie kann man auch dann verreisen, wenn man erwachsen ist. Es ist doch schön, wenn man später gemeinsam Erinnerungen austauschen und sich über schöne Erlebnisse freuen kann.
Natürlich kann man auch bei einer Reise mit Freunden Erinnerungen sammeln und diese später austauschen und vielleicht dadurch auch Freundschaften festigen.
Schluss:
Meiner Meinung nach sollten Vierzehnjährige durchaus noch mit ihren Eltern in den Urlaub fahren. In Absprache mit den Erwachsenen ist es sicher möglich, bei der Urlaubsplanung eigene Interessen einzubringen, sodass es für alle Beteiligten harmonische Ferien werden.
Wer gern ohne Eltern verreisen möchte, sollte vielleicht zunächst einen Wochenendausflug mit seinen Freunden in die nähere Umgebung planen, um Erfahrungen für spätere Reisen zu sammeln.

Seite 16

1 **b** Der Grund der Beschwerde ist, dass die versprochenen Tischtennisplatten nicht geliefert wurden.

1 **c** Beim Absender stimmt die Reihenfolge nicht: Erst muss die Straße und darunter Postleitzahl und Ort angegeben werden.
Die Angaben zur Adressatin sind korrekt.
Es fehlt die Betreffzeile.

1 **d** Mögliche Lösung:
Hallo, liebe Frau Schubert,
ich schreibe Ihnen im Namen meiner Tischtennis-Sportgruppe, der Sie beim Wettkampf im März zwei neue Tischtennisplatten verspochen haben. Doch leider sind bisher keine Tischtennisplatten in Sicht!!! Darüber sind wir sehr erbost!

Wann werden Sie endlich Ihr Versprechen einlösen?
Wir erwarten umgehend eine Antwort von Ihnen.
Bis bald Oliver

1 **e** Mögliche Lösung:

Oliver Raschke
Beispielweg 8
01904 Birka

Gemeindeamt
Frau Schubert
Musterweg 17
01904 Birka

17.06. 20___

Anfrage wegen der versprochenen Tischtennisplatten

Sehr geehrte Frau Schubert,
im Namen meiner Tischtennis-Sportgruppe möchte ich Sie bitten, den folgenden Sachverhalt zu prüfen:
Bei unserem Wettkampf im März hatten Sie uns zwei neue Tischtennisplatten versprochen. Leider haben wir diese bisher nicht erhalten. Um noch intensiver trainieren zu können, ist eine baldige Lieferung der Tischtennisplatten für unsere Sportgruppe sehr wichtig.
Über eine positive Rückmeldung Ihrerseits würden wir uns sehr freuen.

Mit freundlichen Grüßen

Oliver Raschke

Seite 17

2 **b** Alina möchte, dass die Firma die fehlende Schutzhülle für ihren Fahrradrucksack nachliefert.

2 **c** Sehr geehrte Damen und Herren, ...

2 **d und e** Mögliche Lösung:
Von: alina.tezel@beispiel.de
An: infoschultaschenvertrieb@example.com
Betreff: Reklamation wegen fehlender Schutzhülle für Fahrradrucksack, Best.nr. 7770XX
Sehr geehrte Damen und Herren,
ich habe bei Ihnen im Online-Versand einen Fahrradrucksack gekauft, und zwar das Modell FR/ 1A/ Blau / Preis 72 Euro. Der Liefertermin war der 15.06. 20__.
Beim Auspacken der Ware musste ich feststellen, dass die Schutzhülle für den Rucksack fehlt.
Dadurch ist ein optimaler Schutz meiner Schulsachen nicht gewährleistet.
Deshalb bitte ich Sie um eine rasche Nachlieferung der fehlenden Schutzhülle.
Mit freundlichen Grüßen
Alina Tezel
Lieferanschrift:
Alina Tezel
Musterweg 7
07570 Weida

Seite 23

1 Mögliche Lösung:

11.00 – 12.00	Arbeitsbeginn; Tische eindecken
12.00 – 14.00	Gäste begrüßen, zum Tisch begleiten und bedienen
14.00 – 14.30	Tische abräumen
14.30 – 15.00	Essenspause
15.00 – 16.00	Mithilfe in der Küche bei der Vorbereitung des Abendessens: Gemüse schneiden und Salat waschen
16.00 – 16.30	Servietten falten im Speisesaal
16.30 – 17.30	Tafel für eine Feier vorbereiten, Besteck und Gläser decken, Gläser auf Sauberkeit kontrollieren
17.30 – 18.00	mit der Gastgeberin Blumen und Tischkarten verteilen
18.00 – 19.00	Gäste mit Getränk begrüßen, beim Servieren helfen
19.00	Arbeitsende

2 Mögliche Lösung (Abschlussbericht):
Letzte Woche absolvierte ich ein Praktikum im Restaurant „Schwanen" in Neustadt. Ich wollte herausfinden, ob die Arbeit einer Restaurantfachkraft meinen Neigungen und Fähigkeiten entspricht. Herr Müller, der Restaurantchef, hatte mich schon in einem Vorgespräch darüber informiert, wie ich mich zu kleiden hätte und was von mir im Umgang mit den Gästen erwartet würde. So lernte ich bereits an meinem ersten Praktikumstag, wie man Tische eindeckt und wie man eine feierliche Tafel vorbereitet. Ich konnte meine Geschicklichkeit beim Servieren erproben und stellte fest, dass es nicht einfach ist, ein Tablett mit vollen Gläsern herumzutragen. Das Servieren und Abräumen erfolgt nach festen Regeln, die mir Herr Müller vor dem Eintreffen der Gäste erklärte. In einem Restaurant ist der Teamgedanke sehr wichtig, denn Küche und Service müssen Hand in Hand arbeiten. Der Umgang mit den Gästen erfordert sehr viel Geduld und Freundlichkeit. Die Erfahrungen, die ich zusätzlich in der Küche bei der Vorbereitung des Essens machen konnte, zeigten mir, dass ich lieber im Service arbeiten möchte.
Wenn man diesen Beruf wählt, muss man sich bewusst sein, dass die Arbeitszeiten sehr wechselhaft sind. Mal arbeitet man früh, mal bis spät in die Nacht und oft auch an Wochenenden und Feiertagen. Dafür hat man einen sehr abwechslungsreichen Beruf, in dem man immer wieder neue Leute kennenlernt.
Ich könnte mir vorstellen, im Restaurant „Schwanen" eine Ausbildung zur Restaurantfachkraft zu absolvieren, da mir mein Praktikum sehr gut gefallen hat. Die Betreuung durch Herrn Müller und die anderen Mitarbeiter/-innen war sehr intensiv und freundlich und ich wurde respektvoll behandelt. Deshalb kann ich diesen Betrieb anderen Schülerinnen und Schülern für ein Praktikum empfehlen.
Das Praktikum hat meinen Erwartungen entsprochen: Ich habe sehr viel gelernt und ich konnte feststellen, dass mir dieser Beruf gefällt und ich dafür geeignet bin.

Seite 26

1 **b** Kommissar Bienzle ist, ähnlich wie Sherlock Holmes, ein scharfsinniger Ermittler, der Zusammenhänge erkennt und daraus die richtigen Schlussfolgerungen zieht, die zur Aufklärung seiner Fälle führen. Deshalb kann man die Geschichte als Detektivgeschichte bezeichnen.

2 Die Geschichte spielt in Stuttgart. / Die beiden Hauptfiguren sind Kommissar Bienzle und der Täter. / Bienzle möchte herausfinden, wer der Bankräuber ist.

- immer am letzten Donnerstag des Monats, kurz vor 18 Uhr
- In der Nähe der überfallenen Bankfilialen befindet sich jeweils ein Lokal.
- Ein junger Mann bittet Bienzle im Lokal, auf seine Sachen aufzupassen. Er beobachtet, wie dieser um fünf Minuten vor 18 Uhr vor der Bank steht und einen Gegenstand, der so aussieht wie eine Plastiktüte, aus der Tasche zieht.
- Der junge Mann kommt aus der Bank heraus und steckt die zusammen geknüllte Tüte wieder in die Hosentasche.
- heute wieder
- der Täter flüchtet nicht, er geht im Lokal essen
- Dieser Mann könnte der gesuchte Bankräuber sein.
- Der Bankraub hat nicht stattgefunden.

Seite 27

3 Die Geschichte wird in der Er-Form erzählt. Ein allwissender Erzähler gibt wieder, was Bienzle tut und sagt, so als ob er neben ihm stehen würde.

4 **a** Anschauliche Adjektive: *strategisch* (Z. 2), *mutmaßlich* (Z. 3), *uniformiert* (Z. 4)
Das sind typische Adjektive für Kriminal- / Detektivgeschichten, die uns an Polizistinnen/Polizisten im Dienst denken lassen.
Anschauliche Verben: *lauerten* (Z.1), *fieberten* (Z.4), *zugeschlagen* (Z. 22), *heimgesucht* (Z. 23)
Diese Verben erzeugen Spannung.

4 **b** Durch den schwäbischen Dialekt entsteht Nähe zu den Figuren, besonders zu Bienzle. Er wirkt authentisch (echt) und gemütlich.

5 Zeitdehnung: Der junge Mann trat an Bienzles Tisch. (Z. 63-70)
Zeitraffung: Der Großeinsatz war seit Wochen vorbereitet gewesen. (Z. 1-5)
Rückblende: Sechsmal hatte er nun schon zugeschlagen. (Z. 22-47)
Vorausdeutung: Der junge Mann kam ohne Anzeichen von Hast aus der Bankfiliale heraus. (Z. 81-83)

Seite 28

1 **a** Bienzles Aussehen wird nicht beschrieben. Da er gerne isst, wird er vermutlich nicht mager sein.

2 **a** „Du bischt hier in Heslach. Übrigens, wenn's knallt, zieh's G'nick ein. ,'s wär schad um deinen Charakterkopf", sagte Bienzle. (Z. 18/19)
„Gern", sagte Bienzle, „bei mir sind Ihre Sachen gut aufg'hobe." (Z. 68)
„I steh da und wart'." (Z. 79/80)
Sind Se froh", sagte der Kommissar noch mal. „Die hättet womöglich gleich g'schosse, die zwei Beamte, die direkt nach Ihne nei* sind, plump, dackelhaft ond dilettantisch. (Z. 91-93)
Also aus Ihne hätt' was werde könne!" (Z. 100/101)

2 **b** Mögliche Lösung:
Der Detektiv wirkt: gelassen, humorvoll, erfahren.

Seite 29

2 **c** **1** Er ist ruhig und entspannt. In den Zeilen 5–8 wird beschrieben, wie er, die Beine weit von sich gestreckt, die Daumen in den Hosenbund eingehakt, in einem italienischen Restaurant sitzt, vor sich eine Platte Gemüse und ein Glas Wein.
2 Er ist witzig. In den Zeilen 18–19 sagt er zum Wirt: „Übrigens, wenn's knallt, zieh's G'nick ein. 's wär schad um deinen Charakterkopf", [...].
3 Er ist ehrgeizig. In den Zeilen 33–35 steht, dass Bienzle sich die Akten über das „Phantom" ausgeliehen hat. Er will den Fall lösen, obwohl er nicht offiziell ermittelt.

3 **a** „Bienzle hob den Kopf und sah dem jungen Mann ins Gesicht. Es war schmal und schlecht rasiert. Auf den Backen blühten Pickel. Bienzle schätzte ihn auf zwanzig, höchstens zweiundzwanzig. Er trug Jeans und ein T-Shirt mit der Aufschrift ‚University of Columbia'." (Z. 64-67)

3 **b** Damit meint Bienzle, dass der junge Mann so clever ist, dass er auch auf legalem Weg sein Geld verdienen könnte und nicht als Bankräuber.

3 **c**

Z. 50 „Man könnt' grad meinen, er legt's darauf an, dass ihn die Polizei erwischt."	→	kaltblütig, wagemutig
Z. 52–53 Er las in einem Buch und machte sich Notizen.	→	intelligent, interessiert
Z. 81 Der junge Mann kam ohne Anzeichen von Hast aus der Bankfiliale heraus.	→	gelassen, selbstsicher

4 Mögliche Lösung (zu Bienzle):
Charakterisierung von Bienzle
Bienzle ist Hauptkommissar und er ermittelt selbst dort, wo er keinen offiziellen Auftrag hat. Vermutlich liebt er es, Fälle zu lösen. Er kann gut beobachten und gut kombinieren. Er geht gerne in die Trattoria „Paolo", wo seiner Meinung nach die nettesten Stuttgarter einkehren. Er isst gerne, trinkt gerne ein Glas Wein und unterhält sich. Dabei zeigt sich sein Humor. Seine Meinung über die Kollegen scheint nicht gut zu sein, er hält die Polizisten, die am Einsatz beteiligt sind, für „plump, dackelhaft und dilettantisch", also für schießwütige Amateure. Er benötigt weder Waffe noch Handschellen, um den Bankräuber zu überführen. Er lässt den Täter vermutlich erst sein Abendessen beenden und überzeugt ihn, freiwillig zur nächsten Wache mitzukommen.

Seite 30

1 Mögliche Lösung:
Die Detektivgeschichte „Kurz vor dem Essen" wurde von Felix Huby verfasst und erschien 1990 in einem Buch mit dem Titel „Bienzle und der Sündenbock".
Es geht in der Geschichte um den Stuttgarter Hauptkommissar Ernst Bienzle, der in einem interessanten Fall ermittelt, obwohl er gar nicht am Einsatz beteiligt ist. Ein Bankräuber hat bereits sechs Bankfilialen überfallen und geht immer nach dem gleichen Prinzip vor: Er überfällt die Filialen an jedem letzten Donnerstag des Monats und immer kurz vor 18 Uhr, also kurz vor Schließung der Bank und immer, wenn höchstens noch ein Kunde anwesend ist. Er lässt sich die Tageskasse in eine Plastiktüte füllen, schießt mit einer Tränengaspistole in den Raum und ver-

schwindet dann spurlos. Bienzle hat die Ermittlungsakten gelesen und besucht alle Bankfilialen, die überfallen wurden. Er stellt fest, dass es jeweils ein Lokal in der Nähe gibt. Als wieder ein letzter Donnerstag des Monats ansteht, wird ein siebter Überfall vermutet. 380 Polizistinnen und Polizisten sind in Stuttgart verteilt und lauern auf den Bankräuber. Auch Bienzle will versuchen, den Bankräuber zu überführen. Sein Lieblingslokal liegt ebenfalls in der Nähe einer Filiale der größten Stuttgarter Bank und Bienzle kehrt dort ein und wartet ab. Er beobachtet im Lokal einen jungen Mann, der kurz vor 18 Uhr zur Bankfiliale hinübergeht. Davor bittet er Bienzle, auf seine Sachen aufzupassen. Bienzle beobachtet, wie der junge Mann eine Tüte aus der Tasche zieht und die Filiale betritt. Kurz darauf kommt er wieder heraus und steckt die leere Tüte in die Tasche. Der Überfall hat nicht stattgefunden. Der Bankräuber kommt ins Lokal zurück und Bienzle sagt ihm, dass es gut war, dass er den Überfall gelassen hat, da Polizei in der Bank war. Der junge Mann ist überrascht und fragt Bienzle, wie er denn herausgefunden hätte, dass er der Bankräuber sei. Bienzle erklärt es ihm und überzeugt ihn, auf die nächste Polizeiwache mitzukommen und sich dort freiwillig zu stellen.

Seite 32

2 **a** Mögliche Lösung:
Handlungsort: Berlin/ Berliner S-Bahn (Begründung: wird genannt, Zeile 1)
Handlungsdauer: vielleicht 10 bis 20 Minuten (Begründung: Die Handlungsdauer leite ich von der Zeit zwischen den S-Bahn-Haltestellen ab.)
Handlungszeit: Juli 1947 (Begründung: wird genannt, Überschrift); entweder früh am Morgen oder am Spätnachmittag (Begründung: Da ein Arbeiter in der S-Bahn sitzt, könnte er zur Arbeit fahren oder von der Arbeit wieder zurückfahren.)

2 **b** Erzählperspektive: Ich-Erzählerin / Ich-Erzähler

2 **c**

Figur	Handeln bzw. Verhalten der Figur
Erzählerin / Erzähler	beobachtet die Mitfahrenden /ist neidisch wegen der Kirschen/ isst dankbar die geschenkten Kirschen /gibt die letzte Kirsche einem Jungen
Arbeiter	ist neidisch wegen der Kirschen / isst dankbar die geschenkten Kirschen
junges Mädchen	isst heimlich Kirschen / bemerkt die Blicke der anderen /ist unruhig, hilflos/ verschenkt Kirschen/ steigt schnell aus
Frau / Mutter	ist mit ihren zwei kleinen Kindern in der S- Bahn / fordert Sohn auf, die Kirsche mit seiner Schwester zu teilen
kleiner Junge	steht neben der erzählenden Figur mit hungrigen Augen/ will Kirsche in den Mund stopfen/ teilt Kirsche mit Schwester / lutscht Kern ab
kleines Mädchen	ist die kleine Schwester des Jungen, bekommt die halbe Kirsche

Seite 33

2 **d** Mögliche Lösung (Anfang):
Erzählerin / Erzähler:
Diese Figur stelle ich mir mittleren Alters vor, einfach gekleidet, freundlich, höflich und offen gegenüber anderen. Lebt in einfachen Verhältnissen, hat nicht genügend zu essen.

Begründung: Beobachtet sehr genau die Mitmenschen. Wirkt erfahren und erzählt das Geschehen so, dass mich die Geschichte berührt. Die Kirschen isst die Figur heißhungrig und bemerkt so den hungrigen Blick des Jungen erst spät.
Arbeiter: Ihn stelle ich mir ebenfalls mittleren Alters vor, in Arbeitskleidung, müde und hungrig aussehend, gebeugte Körperhaltung.
Begründung: Er muss sicher schwer arbeiten und hat wenig zu essen, denn er isst dankbar die Kirschen. (...)

2 **e** Mögliche Lösungen:
Dieser Satz könnte bedeuten:
- Diese eine Kirsche dem Jungen zu geben, wirkt gönnerhaft und mitleidig, auch wenn die Erzählfigur bedauert, dass sie nur noch diese eine Kirsche für den Jungen übrighat.
- Der Junge hätte sicher gern mehr Kirschen gegessen, aber diese halbe Kirsche hat keine angenehme Wirkung, da der Wunsch, mehr davon zu essen, nicht erfüllt werden kann.
- Der Erzähler / die Erzählerin schämt sich vielleicht, dass er/sie zunächst nur an sich gedacht hat und den hungrigen Blick des Kindes nicht eher bemerkt hat.
- Der Erzähler / die Erzählerin schämt sich vielleicht, dass er/sie zunächst nur den eigenen Hunger gestillt hat, während der Junge nach der Aufforderung der Mutter die Kirsche mit seiner Schwester geteilt hat.
- Mit diesem Satz soll die Leserschaft zum Nachdenken darüber angeregt werden, ob es richtig oder falsch war, diese letzte Kirsche dem Jungen zu geben.

2 **f** Mögliche Lösung:
In dieser Kurzgeschichte wird ein Erlebnis aus dem Alltag beschrieben. In einer S-Bahn treffen ganz unterschiedliche Personen aufeinander. Manchmal kommt es auch zu Gesprächen oder Interaktionen anderer Art. 1947 war der Hunger allgegenwärtig, die meisten Menschen hatten nicht viel zu essen. Dass man sich etwas abgegeben hat, war aber vielleicht nicht „alltäglich".

2 **g** Adjektive: dankbar, hungrig, hilflos, unruhig, aufmerksam, schnell
Substantive: Neid, Glückliche, Verlegenheit, Blick, Geschmack, Fäulnis
Verben: stopfen, lutschen, schmuggeln, übriglassen, herausziehen
sprachliche Wendungen: eine Kirsche in den Mund schmuggeln / der Geschmack einer halben Kirsche bleibt im Mund wie Fäulnis

Seite 34

2 **h** Mögliche Lösung:
meist Aussagesätze, einige Ausrufesätze, ein Aufforderungssatz / zum Teil kurze Sätze, teilweise auch längere zusammengesetzte Sätze/ Aufzählungen / Wortwahl und Satzbau sind gut verständlich

3 Mögliche Lösung:
Bei dem Text „Berlin, im Juli [1947]" handelt es sich um eine Kurzgeschichte, weil nur wenige Figuren auftreten, die in einer für die Nachkriegszeit typischen Alltagssituation miteinander agieren. Die Geschichte beginnt unvermittelt, nur der Handlungsort wird direkt genannt. Die Handlung ist auf einen kurzen Zeitabschnitt begrenzt. Das Ende der Geschichte ist überraschend. Der Text ist gut verständlich.

Seite 35

5 **a** Er-Erzähler / Sie-Erzählerin

5 **b und c** äußere Handlung = unterstrichen
innere und äußere Merkmale der Figuren = markiert
Eine drehte sich um nach ihm, als alle anderen die Köpfe schon wieder über die Bücher beugten. Er nahm das den anderen nicht übel, er wusste, ein Neuer in der Klasse ist nicht so interessant, dass man ihn die ganze Stunde hindurch anstarren könnte, schließlich ging der Unterricht weiter, und er musste eben dasitzen und sich eingewöhnen.
Aber die eine im blauen Kleid sah immer wieder hin zu ihm, nicht neugierig, noch nicht einmal lächelnd.
Das Profil, das sie ihm zeigte, manchmal auch noch ein bisschen Wangenfläche dazu, war ernst und aufmerksam, als habe sie über ihn nachzudenken. Das halbe Klassenzimmer lag zwischen ihnen, und er konnte die Augenfarbe nicht erkennen.
Braun, schätzte er, und ein paar Sommersprossen auf der Nase, und das ganze Gesicht ein bisschen zu mager. Die gehörte nicht zu den Niedlichen, dachte er, die sich um einen Neuen kümmern, weil das so gut passt zu ihrer Niedlichkeit und weil sie dann noch einen haben, der sie nett findet. Die gehört vielleicht noch nicht mal zu den Netten.
Eine Struppige ist das, überlegte er, eine, die kicken kann, fast wie ein Junge, und plötzlich wegläuft, wenn man glaubt, sie sei ein Kumpel. Eine, die nicht mit Freundinnen kichert und tuschelt, sondern viel allein herumläuft, nicht spazieren geht, sondern eben herumläuft, und die allerhand kennt in der Stadt. Eine, von der man manches erfahren kann, aber nicht unbedingt das, was zählt.
Es fiel ihm ein, dass er sich irren könnte, aber er glaubte es nicht. Ich werde ihr ein Zeichen geben, sagte er sich, und wenn sie reagiert, dann habe ich mich nicht geirrt. Dann ist sie eine, die ich mögen könnte, zumindest mögen. Als sie sich wieder umsah, lächelte er. Da stand sie auf und brachte ihm ihr Buch. Fast unfreundlich legte sie es vor ihn auf den Tisch; er sah dabei, dass sie magere Finger hatte mit ganz kurzen Nägeln, das passte auch.
„Danke, ich geb's dir nachher wieder", sagte er schnell, bevor sie etwas sagen konnte. Sie nickte und ging zurück an ihren Platz.
Alle beugten die Köpfe über die Bücher, er auch. Aber er gab acht, dass er den Augenblick nicht verpasste, in dem sie sich noch einmal nach ihm umschaute und beinah lächelte.

5 **d** Mögliche Lösung:
Die äußere Handlung und die Gedanken der Figuren lassen sich im Text nicht immer genau trennen. Es scheint aber insgesamt mehr über die inneren und äußeren Merkmale der Figuren im Text zu stehen. Weniger über die äußere Handlung.
Textstellen zur „inneren Handlung", z.B.:
„Die gehörte nicht zu den Niedlichen, dachte er […]." (Zeile 12)
„Eine Struppige ist das, überlegte er […]." (Zeile 16)
„Ich werde ihr ein Zeichen geben, sagte er sich […]." (Zeile 21–22)

5 **e** Mögliche Lösung:
Mädchen: ernst, ruhig, zurückhaltend, vielleicht eher eine Außenseiterin, hilfsbereit, aufmerksam
Junge: nachdenklich, nett, höflich, vorsichtig

5 f

Sprachliche Besonderheiten	Beispiele	Mögliche Wirkung
lange Sätze, oft Satzgefüge	„Er nahm das den anderen nicht übel [...] und sich eingewöhnen." (Z. 2–5)	wirken wie der fließende Gedankenstrom des Jungen
nominalisierte Adjektive	Neuer, Niedliche, Nette, Struppige	Man kann sich dadurch die Figuren besser vorstellen.
aussagekräftige Verben	umdrehen, anstarren, eingewöhnen, nachdenken, kichern, tuscheln, kümmern, überlegen, lächeln, reagieren, kicken	Dadurch kann man sich die Handlung besser vorstellen.
Wiederholungen	die Köpfe über Bücher beugen, eine, die viel allein herumläuft /eben herumläuft, mögen können / zumindest mögen	verstärken eine Aussage oder einen Eindruck, weisen auf etwas besonders hin
aussagekräftige Adjektive	interessant, neugierig, ernst, aufmerksam, mager, nett, unfreundlich	verdeutlichen Charakterei-genschaften
Umgangssprache	kicken, kichern, ich geb's dir nachher wieder	dadurch ist die Geschichte gut verständlich und wirkt realistisch

6 Mögliche Lösung:
Bei dem Text von Irmela Brender „Eine" handelt es sich tatsächlich um eine Kurzgeschichte, weil folgende Merkmale von Kurzgeschichten zutreffen: Die Geschichte beginnt unvermittelt und die Handlung beschränkt sich auf wenige Figuren, nämlich vor allem auf den „Neuen" und das Mädchen. Es wird eine alltägliche Situation aus dem Schulalltag beschrieben. Die Handlungszeit ist auf eine Unterrichtsstunde begrenzt und die Geschichte spielt nur an einem Ort, nämlich im Unterrichtsraum.
Das Ende der Handlung ist offen und damit die Frage, wie es mit dem Mädchen und dem Jungen weitergeht. Die Sprache ist leicht verständlich, sodass man die Handlung sowie Gedanken und Gefühle der Figuren gut nachvollziehen kann.

Seite 37

1 c Mögliche Lösungen:
Ja: ebenfalls Potsdamer Platz / Darstellung von Häuserschluchten und Chaos auf der Straße wie im Gedicht
Die unangenehme (erschreckende, beängstigende) Wirkung von Gedicht und Illustration sind nahezu gleich, es wird jeweils ausgedrückt: chaotisches Gewimmel, Lärm und Hektik.
Nein: Die Details aus dem Gedicht sind nur ungenau in der Illustration erkennbar. / Im Gedicht wird das Nachtleben beschrieben, das wird im Bild nicht so deutlich.

1 d Mögliche Lösungen:
Stimmung des lyrischen Ichs: empfindet Abscheu, Abneigung, Bedrohung
Textstellen: Potsdamer Platz „in ewigem Gebrüll" (V. 1) / „Menschenmüll" (V. 4) / Nachtregen hüllt den Platz „in eine Höhle" (V. 9)
Haltung / Einstellung des lyrischen Ichs: Kritik am Großstadtchaos / an den rastlosen Menschen / will das „wahre" Leben in der Großstadt zeigen
Textstellen: „Die Menschen rinnen über den Asphalt" (V. 5) / „Berlin des Tages glitzernd Nest" (V. 13)/ „Vom Rauch der Nacht wie Eiter einer Pest" (V. 14)

1 e

Strophe	sprachliche Mittel	Aussage
1	– „in ewigem Gebrüll" (Vers 1): Personifikation, Metapher	Großstadtleben ist geprägt von Lärm, Verkehr und sehr vielen Menschen.
	– „vergletschert" (Vers 2): Wortwahl	Die Zustände scheinen zu vereisen, sich zu festigen.
	– „vergletschert alle hallenden Lawinen"(Vers 2): Metapher	unaufhaltsamer lauter Menschen- und Verkehrsstrom
	– Zeilensprünge (Verse 1–3)	verdeutlicht das Chaos /die Hast in der Großstadt
	– „den Menschenmüll" (Vers 4): neues Substantiv	Menschen sind wie Abfall, nichts wert.
2	– „Die Menschen rinnen über den Asphalt" (Vers 5): Metapher	der stetig fließende Menschenstrom
	– „Ameisenemsig, wie Eidechsen flink." (Vers 6): Vergleich	Verdeutlichen der Eile, Hektik, in der sich die Menschen bewegen
	– „Stirne und Hände, von Gedanken blink" (Vers 7): Metapher	Die Menschen hasten gedankenlos durch die Straßen.
	– „schwimmen wie Sonnenlicht durch dunklen Wald" (Vers 8):Vergleich	Sie bahnen sich mühsam einen Weg durch das Großstadttreiben.
3	– „Nachtregen hüllt den Platz in eine Höhle" (Vers 9): Metapher, Personifikation	Der Platz wirkt in der Nacht furchtbar und beängstigend.
	– „Wo Fledermäuse, weiß, mit Flügeln schlagen" (Vers 10): Metapher	Fledermäuse sind nachtaktiv als Symbol für das Nachtleben der Menschen.
	– „Und lila Quallen liegen – bunte Öle" (Vers 11): Metapher	Die Straßen sind verschmutzt von Öl und erzeugen Ekel und Abscheu.
	– Zeilensprung (Verse 11/12)	hektisches Aufzählen der unangenehmen Wahrnehmungen

4	– „Die mehren sich, zerschnitten von den Wagen." (Vers12): Metapher – „des Tages glitzernd Nest" (Vers 13): Metapher – „vom Rauch der Nacht wie Eiter einer Pest" (Vers 14): Vergleich – „des Tages glitzernd Nest, vom Rauch der Nacht wie Eiter einer Pest." (Verse 13 und 14): Gegensatz	Bezug zur 3. Strophe: Die Verschmutzungen nehmen ständig zu. Die Großstadt wirkt am Tag ganz angenehm, harmlos. In der Nacht wirkt die Großstadt düster, ekelerregend. In der Nacht zeigt die Großstadt ihr wahres Gesicht.

1 f das hektische, chaotische Leben in der Großstadt / die Hast und Gedankenlosigkeit der Menschen/ die zunehmende Industrialisierung und der technische Fortschritt und deren Auswirkungen auf Stadt und Mensch

Seite 38

1 g Mögliche Lösung:
Das Gedicht „Auf der Terrasse des Café Josty" von Paul Boldt ist ein typisches Gedicht des Expressionismus. Der Autor stellt die Themen dieser Epoche, z.B. das Leben in der Großstadt sowie die zunehmende Industrialisierung, anschaulich dar. Er übt Kritik an den Zuständen seiner Zeit. Dabei verwendet er sehr viele sprachliche Bilder (Metaphern), z.B. im Satz „Nachtregen hüllt den Platz in eine Höhle" (Vers 9), und Vergleiche wie „Vom Rauch der Nacht wie Eiter einer Pest" (Vers 14). Außerdem setzt er als sprachliche Mittel Wortneuschöpfungen („Menschenmüll", Vers 4), Personifikationen und Zeilensprünge ein.

1 h Das Café gab es ab etwa 1812. Ab 1880 bis ca. 1930 befand es sich am Potsdamer Platz. In diesem Café verkehrten zahlreiche Künstler/-innen der Zeit, sowohl Dichter/-innen als auch bildende Künstler/-innen. Diese waren häufig Vertreter der neuen Epoche des Expressionismus, z.B. auch Paul Boldt.

Seite 39

2 d „Wie jhr / jhr Volck der Lufft" (Vers 6): Damit sind die Vögel gemeint, die frei in der Luft herumschwirren.
„Wie du/du leichte Schar" (Vers 14): Gemeint ist die leicht dahinfliegende Vogelschar.

2 e Mögliche Lösung:

„kompt last uns", „zu hören", „Vögel musiciren", „erschallt", „der frey kan singen", „Stimme schwingen", „Schrey ohne Rhu", „stoppft Ohren zu", „umbgangen", „helt in werth", „gefangen", „frey lebet", „in Trost und Angst nicht schwebet", „Gefahr", „der Pein", „muss mich binden", „soll erlöset sein"

2 f Es wird der Gegensatz zwischen Freiheit und Unfreiheit/Gefahr dargestellt.

2 g Mögliche Lösung:
Antwort 3 und 4:
Begründung: In diesem Gedicht geht es um den Schmerz einer unerwiderten Liebe. Das lyrische Ich vergleicht sich mit den Vögeln, die es aus seiner Sicht gut haben, weil sie nicht zurückgewiesen werden können.

Antwort 1 ist zum Teil richtig, wobei dies nur in Strophe 1 zum Ausdruck kommt und nicht das Hauptthema darstellt.

❷ **g** Mögliche Lösung:
1. Natur (z. B. Verse 1 bis 4), **2.** Freiheit (Verse 5-8 und 13-16, **3.** Unerwiderte Liebe (Verse 9-24)

❷ **i** 6 Strophen / je 4 Verse / Kreuzreim

❷ **j** Mögliche Lösung:
Martin Opitz:
geboren 1597 in Bunzlau – gestorben 1639 in Danzig an der Pest / war als Hauslehrer tätig / studierte Philosophie und Jura in Heidelberg/ lehrte an einem Gymnasium / war Dichter und Gelehrter / war Begründer der Schlesischen Dichterschule / verfasste zahlreiche Bücher / sein Hauptwerk: „Buch von der Deutschen Poeterey"

Seite 40

❶ **b** ein einfach eingerichtetes Zimmer mit Fenster, Tisch und Stuhl, wissenschaftliche Geräte wie Zirkel, geometrische Messgeräte, Globus, Fernrohr

Seite 43

❷ **a** Handlungsort: Padua / Studierzimmer
Handlungszeit: 17. Jahrhundert
Figuren: Galilei / Andrea / Frau Sarti

❷ **b** - Galilei erklärt Andrea, dass sich die Erde um die Sonne dreht.
- Galilei reagiert ungehalten, als Andrea ihm nicht korrekt auf seine Fragen antwortet.
- Frau Sarti tritt ins Zimmer und beschwert sich, dass Galilei ihrem Sohn Unsinn beibringe.
- Galilei erklärt Frau Sarti, während er frühstückt, dass er und Andrea wichtige Entdeckungen gemacht hätten.
- Frau Sarti entgegnet, sie hoffe, dass dadurch der Milchmann bezahlt werden kann.
- Galilei und Andrea setzen ihre wissenschaftlichen Studien mit einem weiteren Experiment fort.
- Galilei erklärt an einem praktischen Beispiel, dass sich die Erde um die Sonne dreht.
- Andrea versteht allmählich, was Galilei ihm beibringen will.
- Galilei fordert von Andrea, dass er niemanden von ihren Ideen erzählen soll, weil die Obrigkeit derartige Ideen verbiete.

❷ **c** Mögliche Lösung:
Konflikt Galilei und Frau Sarti: Galilei will Andrea wissenschaftlich unterrichten. Frau Sarti ist dagegen, weil sie Ärger mit den Lehrern und der Schule befürchtet.
Oder: ... weil sie befürchtet, dass Andrea sich verplappert und sie Ärger mit der Schule und der Obrigkeit bekommt.
Konflikt Galilei mit der Obrigkeit/Kirche: Galilei will die Richtigkeit des kopernikanischen Weltbildes wissenschaftlich beweisen. Die Kirche verbietet solche Studien, da sie nicht will, dass ihr Weltbild von der Erde als Zentrum des Universums widerlegt wird.

Seite 44

❸ **a** Mögliche Lösungen:
Es werden im Text Angaben gemacht: siehe graue Markierung
Galilei: 46 Jahre alt / Wissenschaftler / groß, kräftige Statur / Bart / dunkles, lockiges Haar / ernste Gesichtszüge /einfache Kleidung /...

Andrea: 11 Jahre alt / klein, schmal/ dunkles Haar/ ausdrucksvolle dunkle Augen / spitzbübisches Gesicht / einfache Hose und Jacke/...
Frau Sarti: Haushälterin / Mutter von Andrea / Anfang dreißig/ rundliche Statur / einfach, aber sauber gekleidet / trägt eine Haube, weiten Rock, Bluse und Mieder / ernste Gesichtszüge / dunkle Augen /...

Seite 45

3 **b**

Figur	Äußerung / Verhalten	mögliche Gedanken und Gefühle	mögliche Eigenschaften
Galilei	erklärt sehr anschaulich wird teilweise schnell ärgerlich kauft teure Bücher, statt den Milchmann zu bezahlen verbietet Andrea über ihre Studien zu sprech-en	Wie erkläre ich das am besten? Begreift der Junge das endlich? Meine Studien haben Vorrang! Die Obrigkeit darf nichts erfahren! Hoffentlich plaudert er nichts aus!	ist leidenschaftlicher Wissenschaftler und Lehrer ist schnell ungehalten, ungeduldig ist besessen von der Forschung ist vorsichtig
Andrea	versteht manches nicht gleich lässt, sich aber alles genau erklären verwundert, dass es verboten ist, die Wahrheit zu sagen	Ist das kompliziert! Ach so ist das! Warum darf ich nicht sagen, was wahr ist? ist verwirrt, verunsichert	ist offen für Neues ist wissbegierig ist kindlich ehrlich
Frau Sarti	will nicht, dass Galilei ihren Sohn unterrichtet beschwert sich, dass Andrea in der Schule gerügt wird für seine Antworten ist verantwortlich für den Haushalt	Er soll dem Jungen nicht solchen Unsinn erzählen! ist besorgt Hoffentlich verplappert sich Andrea in der Schule nicht! hat Angst Hoffentlich reicht das Haushaltsgeld! ist besorgt	will ihren Jungen beschützen will keinen Ärger mit der Obrigkeit gewissenhaft

Seite 45

3 c <u>**Galilei:**</u>
1 verwendet häufig Ausrufe- und Fragesätze, z.B.: „Falsch! Dummkopf!" (Z. 26), „Und wie kommt sie nach rechts?" (Z. 17)
2 verwendet bei Erklärungen meist zusammengesetzte Sätze, z.B.:
„Dazu, dass man es begreift, arbeite ich und kaufe die teuren Bücher, statt den Milchmann zu bezahlen." (Z. 8/9)

„Also unter dir siehst du die Erde, die bleibt gleich, sie ist immer unten und bewegt sich für dich nicht." (Z. 64/65)
3 reiht teilweise mehre Fragen aneinander, z.B.: „Wieso? Schau genau hin! Wo ist der Kopf?" (Z. 55)
Zusammenfassung: Galileis Sprache ist anschaulich, verständlich, bildhaft, teilweise energisch.
Andrea:
1 verwendet viele Fragesätze, z.B.: „Was? Das mit dem Kippernikus seinem Drehen?" (Z. 4)
2 verwendet Ausrufesätze, z. B.: „Aber ich mit ihm!" (Z. 27), „Sagen Sie es ihr selber!" (Z. 38/39)
3 antwortet teilweise in kurzen Sätzen und Einwortsätzen, z.B.:
„Es ist sehr schwer, und ich bin im Oktober erst elf." (Z. 7), „Da. Unten." (Z. 56)
Zusammenfassung: Andreas Sprache ist einfach, verständlich und zum Teil kindlich.
Frau Sarti:
1 verwendet häufig Fragesätze, z.B.:
„Was machen Sie eigentlich mit meinem Jungen, Herr Galilei?" (Z. 29/30),
„Indem Sie ihn im Zimmer herumschleppen?" (Z. 32)
2 verwendet im Gespräch mit Galilei mehrere zusammengesetzte Sätze, z.B.:
„Sie bringen meinen Andrea noch so weit, dass er behauptet, zwei mal zwei ist fünf. Er verwechselt schon alles, was Sie ihm sagen." (Z. 34/35)
Zusammenfassung: Frau Sartis Sprache ist verständlich, einfach und teilweise umgangssprachlich.

3 d Mögliche Lösung:
Das Verhältnis zwischen Galilei und Andrea wirkt auf mich im Wesentlichen harmonisch, auch wenn Galilei teilweise etwas ungehalten auf Andreas Fragen bzw. Antworten reagiert.
„*Er stellt den eisernen Waschschüsselständer in die Mitte des Zimmers.* Also das ist die Sonne. Setz dich. *Andrea setzt sich auf den einen Stuhl.* Galilei steht hinter ihm. Wo ist die Sonne, rechts oder links?" (Z. 13–15)
Ich denke, die beiden mögen sich: „Auf Grund unserer Forschungen, Frau Sarti, haben, nach heftigem Disput, Andrea und ich Entdeckungen gemacht, die wir nicht länger der Welt gegenüber geheim halten können." (Z. 43–45)
Sie gehen vertraut miteinander um, z.B.: „Ich muss dir etwas sagen, Andrea, sprich nicht zu anderen Leuten von unsern Ideen." (Z. 73–75)

3 e Mögliche Lösung:
Hier sind auch die „ausgedachten" Merkmale aus Aufgabe 3a enthalten.
Rollenbiografie Galilei:
Mein Name ist Galileo Galilei. Ich bin 46 Jahre alt und wohne in Padua. Ich lehre an der hiesigen Universität. Meine Statur ist kräftig, mein welliges Haar ist dunkel und teilweise schon ergraut. Meine Wohnung mit dem kleinen Studierzimmer ist einfach, aber für meine wissenschaftlichen Studien ausreichend. Meine finanziellen Einkünfte sind gering, sodass es nur für das Nötigste reicht. Auf Kleidung und Mobiliar lege ich keinen Wert. Mein bisschen Geld gebe ich vor allem für wissenschaftliche Bücher aus, sodass es oft nicht für Lebensmittel reicht, um z.B. den Milchmann zu bezahlen.
Meine Leidenschaft gilt der Astronomie. Ich beschäftige mich intensiv mit dem kopernikanischen Weltbild. Mein Ziel ist es, nachzuweisen, dass Kopernikus recht hat, dass sich die Erde und andere Planeten um die Sonne drehen.
Meinen Haushalt führt Frau Sarti, die ich respektiere, auch wenn sie wenig von meinen wissenschaftlichen Studien hält. Sie ist oft verärgert, wenn nicht genügend Geld für unseren Lebensunterhalt vorhanden ist.
Ihr fast elfjähriger Sohn Andrea ist nach dem Schulbesuch häufig bei mir im Studierzimmer. Er ist ein aufgewecktes Kind und sehr interessiert an meinen Studien. Auch wenn er sehr wissbegierig

ist, so versteht er viele Dinge nicht sofort. Dann bringt mich seine viele Fragerei teilweise in Rage und ich reagiere ungehalten. Aber es macht mir auch Freude, wenn ich ihm auf anschauliche Weise meine Ideen erkläre und er die Zusammenhänge schließlich erkennt oder wenn wir miteinander disputieren. Seiner Mutter ist es nicht recht, dass ich ihn in meine Arbeit einbeziehe. Sie befürchtet, dass er Ärger in der Schule bekommt, wenn er unsere Erkenntnisse ausplaudert. Aber ich habe zu Andrea Vertrauen. Ich habe ihm erklärt, dass er mit keinem Menschen über unsere Studien reden darf, weil das gegen das Verbot der Obrigkeit ist. Die Kirche hält noch immer daran fest, dass die Erde im Zentrum des Universums steht. Aber ich weiß, dass dem nicht so ist! Wenn ich endlich beweisen kann, dass Kopernikus recht hat, dann wird eine neue Zeit anbrechen und ich werde stolz sein, daran Anteil zu haben!

Rollenbiografie Andrea:
Ich heiße Andrea Sarti und bin bald elf Jahre alt. Ich bin dunkelhaarig und trage einfache Kleidung. Zu Hause bin ich in Padua. Ich wohne mit meiner Mutter bei Herrn Galilei, dem sie den Haushalt führt. Die Wohnung ist einfach, denn Herr Galilei, ein Gelehrter, verdient nicht viel. Oft fehlt das Geld, um Lebensmittel, z.B. Milch, kaufen zu können.
Wenn ich aus der Schule komme, bin ich häufig bei Herrn Galilei in dessen Studierzimmer. Dort fühle ich mich sehr wohl, denn Herr Galilei erklärt mir seine wissenschaftlichen Studien anschaulich. Manchmal wird er ungehalten, wenn ich etwas nicht gleich verstehe. Das ärgert mich zwar, aber ich stelle ihm so lange Fragen, bis ich es verstanden habe. Besonders interessant ist es, wenn wir zusammen Experimente durchführen, dann verstehe ich alles viel besser. Ich bewundere Herrn Galilei, weil er so viel weiß. Ich habe großes Vertrauen zu ihm, denn er erzählt mir oft von seinen Ideen. Er beschäftigt sich nämlich mit der Lehre von Kopernikus, der meint, dass die Erde sich um die Sonne dreht. Herr Galilei will beweisen, dass Kopernikus recht hat. Aber ich darf mit keinem darüber reden, weil die Obrigkeit anderer Meinung ist.
Meine Mutter sieht es nicht gern, dass Herr Galilei und ich wissenschaftliche Studien betreiben. Sie hat Angst, dass meine Lehrer zu ihr kommen und sich beschweren, dass ich dummes Zeug erzähle. Sie versteht nicht, dass Herr Galilei und ich uns mit der Wissenschaft beschäftigen. In der Schule erfahre ich über solche Dinge nichts.
Ich bin überzeugt, dass Herr Galilei eines Tages beweisen wird, dass Kopernikus recht hat, und vielleicht kann ich ihn dabei unterstützen.

Seite 46

1. Abschlusstag: maskulin, Singular; T-Shirts: das T-Shirt – neutrum, Plural; Klassenmaskotten: neutrum, Singular; Erinnerung: feminin, Singular; Süßigkeiten: die Süßigkeit – feminin, Plural; Artikel feminin, Singular; Publikum – neutrum, Singular; Beifall – maskulin, Singular; Auge – neutrum, Singular

2. dem Anmalen, dem großzügigen Verteilen, etwas Unvergessliches

Seite 47

3. Praktika, Berufswelt, Erfahrungen, Schulzeit, Wochen, Einblicke

4. das Führen, im Fahren, das Beobachten, beim Üben, das Gute, am Lenken

5. Das Autofahren ohne Führerschein ist verboten. Das Ablegen einer Fahrprüfung ist bereits mit 17 Jahren erlaubt. Beim Führen eines Fahrzeugs muss allerdings eine Begleitperson dabei sein. Beim Üben des Fahrens im Straßenverkehr muss man sehr konzentriert sein.

Seite 48

1. **1** finden statt – Präsens; **2** organisiert – Präsens; **3** waren – Präteritum; **4** eingewiesen worden waren – Plusquamperfekt; erlebten – Präteritum; **5** erklärten – Präteritum; abgebaut wurde – Präteritum; **6** gibt – Präsens; **7** haben gesammelt – Perfekt; **8** nutzte – Präteritum; **9** finden werden – Futur I
2. **1** besuchen **2** war **3** haben gewonnen **4** besichtigt hatten, bestaunte **5** wird bleiben

Seite 49

3.
1 aufgegessen habe, räume ... ab (oder) aufgegessen hatte, räumte ... ab
2 haute ... ab, gesucht hatte
3 angezogen hat, schmerzen (oder) angezogen hatte, schmerzten

4. **a**
1 wird ... erstaunen **2** hatte **3** erledigt habe **4** übte **5** muss **6** gebaut hatten

Seite 50

1.
tanzen, du tanzt, ihr tanzt, du tanzest, ihr tanzet
denken, du denkst, ihr denkt, du denkest, ihr denket
schreiben, du schreibst, ihr schreibt, du schreibest, ihr schreibet
nachmachen, du machst nach, ihr macht nach, du machest nach, ihr machet nach
verlieren, du verlierst, ihr verliert, du verlierest, ihr verlieret

2. Lukas sagt, er trainiere regelmäßig. Dreimal wöchentlich **gehe** er joggen. Dabei **absolviere** er eine Strecke von ca. zehn Kilometern. Außerdem **spiele** er gern Fußball. Dazu **treffe** er sich mit seinen Kumpels auf einem Bolzplatz. Außerdem **habe** er sich noch Hanteln angeschafft, um seine Armmuskulatur zu stärken. Seine Freundin dagegen **liebe** das Schwimmen. Sie **sei** davon überzeugt, dass Schwimmen Ausdauer- und Krafttraining **vereine**.

3. Unsere Klassenlehrerin meint, sie schlage als Klassenfahrtziel Leipzig vor. Das sei doch noch in Sachsen, merkt Hendrik an. Emilia erwidert, dass sie den Vorschlag gar nicht schlecht fände. Er wolle aber nach Italien, protestiert Hendrik. Das lehne sie als Klassensprecherin ab, weil es zu teuer sei, sagt Emilia.

Seite 51

1. **1** liefe; **2** hörte; **3** spaziertest; **4** säße; **5** hätte; **6** wäret

3. Mögliche Lösung:
1 Wenn es geregnet hätte, wäre die Wäsche nass geworden. / Würde es geregnet haben, wäre die Wäsche nass geworden.
2 Wenn Theresa nicht für Mathe gelernt hätte, wäre die Arbeit schlecht ausgefallen.
3 Wenn das Auto nicht so schnell durch die Wohnstraße gerast wäre, hätte es den Ball spielenden Jungen nicht erfasst.
4 Wenn es nicht so heiß gewesen wäre, hätte der Sportwettkampf durchgeführt werden können.

Seite 52

1.
Wisch(e)!, Wischt!, Wischen Sie!
Wirf!, Werft!, Werfen Sie!
Beschreib!, Beschreibt!, Beschreiben Sie!

Verlass!, Verlasst!, Verlassen Sie!
Mach mit!, Macht mit!, Machen Sie mit!
Gib zu!, Gebt zu!, Geben Sie zu!

2 **1** Nimm das Geld! **2** Lies die E-Mail! **3** Biete ihr Fruchtsaft an! **4** Räum(e) den Tisch ab! **5** Vertrau(e) deinem Bruder! **6** Bezieh(e) dein Bett neu!

3 Mögliche Lösung:
1 Schließ(e) das Fenster! **2** Seid bitte leiser! **3** Klettere hinauf! **4** Schlaft endlich! **5** Heben Sie das bitte auf!

Seite 53

1 Zur Zubereitung von Eierkuchen werden eine Tasse Milch, eine Tasse Mehl, zwei Eier und eine Prise Salz benötigt. Die Zutaten werden zu einem Teig verrührt. In eine heiße Pfanne wird etwas Sonnenblumenöl gegeben. Dann wird eine Portion des Teiges dazu gegossen. Nach 2-3 Minuten kann der Eierkuchen gewendet werden. Es wird nochmals 2-3 Minuten gewartet. Schon kann der Eierkuchen gegessen werden, z.B. mit Apfelmus.

2
1 wird unternommen (Präsens)
2 wird genannt (Präsens)
3 werden angeboten (Präsens)
4 wurde erfreut (Präteritum)
5 werden durchgeführt (Präsens)
6 sind absolviert worden (Perfekt)
7 waren erkannt worden (Plusquamperfekt)
8 werden organisiert werden (Futur I)

3 **a** **1** muss beachtet werden **2** dürfen verwendet werden **3** können eingerührt werden **4** sollte genutzt werden **5** muss aufbewahrt werden; können angenommen werden

3 **b** **1** Bei der Herstellung von Speiseeis muss man die Hygiene beachten.
2 Man darf verschiedene Zucker, wie z.B. Rohrzucker, Honig oder Vanillezucker verwenden.
3 Auch Eier kann man für besseren Geschmack und cremige Konsistenz einrühren.
4 Für ein kalorienärmeres Eis sollte man Magermilchpulver nutzen.
5 Speiseeis muss man in geschlossenen Behältern aufbewahren, sonst kann es Gerüche anderer Speisen annehmen.

Seite 54

1 (Präteritum) In der 3. Stunde schrieb Peter eine Englischarbeit.
(Perfekt) In der 3. Stunde hat Peter eine Englischarbeit geschrieben.
(Plusquamperfekt) In der 3. Stunde hatte Peter eine Englischarbeit geschrieben.
(Futur I) In der 3. Stunde wird Peter eine Englischarbeit schreiben.

2
1 Ein Text wird (von Frau Michel) an die Tafel geschrieben.
2 Eine Zeichnung wurde (von Clara) angefertigt.
3 Gestern wurde mein Fahrrad (von mir) repariert.
4 Es waren spannende Abenteuer (von den Kindern) erlebt worden.
5 Die Exkursion wird (durch die Klasse) gut vorbereitet werden.

3 Mögliche Lösung:
1 Medikamente dürfen nicht mit Milch eingenommen werden.
2 Brandwunden müssen steril abgedeckt werden.
3 Rote Ampeln sollen auf jeden Fall beachtet werden.
4 Pizza kann mit verschiedenen Zutaten belegt werden.
5 Kinder und Jugendliche wollen gestärkt werden.

Seite 55

1

Neulich	Dort	trotzdem	deshalb
an meinem Geburtstag	da	wirklich	da
bereits		regelmäßig	
sofort		Weiterhin	
anschließend			

2 Mögliche Lösung:
bekanntlich; Eigentlich; Oft, heute; stets, besonders; Darüber hinaus, wiederum; Außerdem

Seite 56

3 Mögliche Lösung:
Sicherlich; Vielleicht; vermutlich; bestimmt; äußerst; gewissermaßen

4 Mögliche Lösungen:
abends, mittags, nachts
mindestens, bestens, wenigstens
bäuchlings, rücklings
möglicherweise, glücklicherweise, tageweise
gewissermaßen, einigermaßen
keinerlei, vielerlei, mancherlei
rückwärts, vorwärts, abwärts, aufwärts
sicherlich, vermutlich, eigentlich, gewöhnlich

Seite 57

1 Mögliche Lösung:
1 Bekanntermaßen interessieren sich viele Menschen für Pferde.
2 Möglicherweise wollen sie auch das Reiten erlernen.
3 Blindlings stürzen sich aber viele in das Abenteuer Pferd.
4 Zuerst sollte man Grundfertigkeiten im Reiten erlangen, damit unterwegs weniger Unfälle passieren.
5 Anfangs reichen zum Schutz Reithelm, enge Hose und festes Schuhwerk aus.
6 Später sollte man sich aber ordentlich passende Reitstiefel zulegen.

2 Mögliche Lösung:
1 Björn liebt Musik, deshalb geht er oft zu Konzerten.
2 Zeynep hat Höhenangst, trotzdem besteigt sie den Aussichtsturm.
3 Juri interessiert sich für Ballsportarten, besonders Basketballspiele mag er sehr.
4 Tom blieb zuhause, dort fühlte er sich wohl.

Seite 58

1 Der Nationalpark Berchtesgaden, ein Gebiet in den Bayerischen Alpen, liegt an der Grenze zu Österreich. Er nimmt eine ziemlich große Fläche ein, und zwar 20804 Hektar. Touristen haben viele Möglichkeiten, sich aktiv zu betätigen, z.B. bei geführten Wanderungen oder Klettertouren. Ganz Mutige können den höchsten Berg des Gebietes, den Watzmann, besteigen. Besonders empfehlenswert ist der Besuch des Salzbergwerks Berchtesgaden, ein Spaß für Jung und Alt.

2 **1** vom 08. August bis 11. August 2022; **2** am Dienstag, dem; Mittwoch, den; **3** Donnerstag, den; **4** bis 20. Juli 2022

Seite 59

1 **1** um; **2** Anstatt; **3** um; **4** Ohne; **5** außer

2 **1** Katja hat den Traum, eine berühmte Sängerin zu werden.
2 Anstatt nach Hause zu gehen, bummelte Tom in der Stadt herum.
3 Niemand zweifelt daran, pünktlich zu sein.
4 Das Kind sprang von einer hohen Mauer, ohne sich zu verletzen.
5 Der Lehrer wusste darüber Bescheid, die Stunde vertreten zu müssen.
6 Die Freunde trafen sich auf dem Fußballplatz, um gemeinsam zu kicken.
7 Regelmäßiges Training ist dafür notwendig, die eigene Leistung zu verbessern.
8 Der große Bruder erhielt den Auftrag, auf seine kleine Schwester aufzupassen.

3 2 Anna hatte die Chance, früh nach Hause zu gehen.
3 Marc beabsichtigt, in Zukunft im Team zu bleiben.
4 Es ist wichtig, manchmal gesunde Lebensmittel zu essen.

Seite 60

1 1 Luca denkt darüber nach, ins Mediencamp zu gehen.
2 Er hat die Vorstellung, Tiere zu fotografieren.
3 Seine Absicht ist es, Neues zu entdecken.
4 Luca glaubt daran, interessante Motive zu finden.
5 Er wartete darauf, bald eine Zusage zu bekommen.
6 Bei ihm wurde das Bedürfnis geweckt, einen Tierkalender zu erstellen.

2 1 Sie ist verantwortlich dafür, das Geld pünktlich einzusammeln.
2 Mein Vater schaffte es, rechtzeitig zu Hause zu sein.
3 Die Lehrerin hat sich vorgenommen, ruhig zu bleiben.
4 Seinen Freund zu verlieren, glaubte Jimmy nicht.
5 Den 1. Platz zu belegen, hatte Melina nicht erwartet.

Seite 61

1 **a und b** **1** Ein Maler erscheint verspätet zur Arbeit(,) vollkommen durchgeschwitzt.
2 Er erklärt seinem Chef, ein Brötchen essend, dass er verschlafen habe.
3 Letzte Nacht hätte ihn sein Kind, die ganze Zeit weinend, wachgehalten.
4 Die Entschuldigung annehmend(,) schickt der Chef ihn auf die Baustelle.
5 Dort leistet er, seine Verspätung wiedergutmachend, hervorragende Arbeit.
6 Um zwölf Uhr macht er Mittagspause, sehr erschöpft von der Arbeit.

2 1 Eine Hochgebirgswanderung, von meinem Vater geplant, führte uns über Leitern.
2 Oben angekommen erwartete uns eine spektakuläre Aussicht.
3 Der Abstieg führte über ein Schneefeld, mit Spalten durchzogen.
4 Trotz größter Vorsicht stürzte ich, plötzlich auf einer glatten Stelle ausrutschend.
5 Wir hatten ein Notfallpaket dabei, ausgestattet mit Verbandsmaterial.

Seite 62

1 1 Ich sehe gern Animationsfilme, deshalb gehe ich regelmäßig ins Kino.
2 Mein Vater wollte am Wochenende den Rasen mähen, aber leider regnete es.
3 Im Sommer gehen wir gern schwimmen und manchmal fahren wir Rad.
4 Trotzig widerspricht das Kind den Eltern, denn es fühlt sich ungerecht behandelt.
5 Kai liebt Skifahren, darum verbringt er seine Winterferien auf der Skipiste.

Seite 63

2 1 Ich bekomme monatlich Taschengeld, damit ich mein Geld selbst einteile.
2 Leider war mein Geld schon weg, da ich ein neues Computerspiel gekauft hatte.
3 Meine Freundin wollte in ein Konzert gehen, das mich interessierte.
4 Ich hatte aber keine Ahnung, wie ich die Konzertkarte bezahlen konnte.
5 Ich erzählte meiner Mutter die Lüge, dass ich mein Taschengeld verloren hätte.
6 Meine Mutter wollte genau wissen, was denn passiert sei.
7 Weil ich mich für die Lüge entschuldigte, gab sie mir das Geld für das Konzert.

Seite 64

1 1 Schulen in Deutschland können sich mit einem Digitalpaket ausstatten lassen. Das Digitalpaket wird vom Bund und Ländern finanziert.
2 Dazu müssen sie ein Konzept erstellen, das vor allem Maßnahmen und Ziele beinhaltet.
3 Die Klassen diskutieren über die Anschaffung verschiedener technischer Geräte, die den Unterricht über viele Jahre bereichern sollen.
4 Deshalb entscheiden sich viele Schulen für digitale Tafeln, welche einen vielfältigen Einsatz im Unterricht ermöglichen.
5 Auf Tablets wird oft verzichtet, die sehr teuer in der Anschaffung sind. Oder: Auf Tablets, die sehr teuer in der Anschaffung sind, wird oft verzichtet.

Seite 65

1 **a und b** 1 Damit die Interessen aller Beachtung finden, werden jedes Schuljahr Klassensprecherinnen bzw. Klassensprecher gewählt, die sich für die Belange der Klasse einsetzen. (e)
2 Dieses Amt ist spannend, denn man lernt, wie man Gespräche leitet und wie man seine Meinung sachlich zum Ausdruck bringt. (c)
3 Dabei tritt man für andere ein, die sich selbst nicht trauen oder die ihre Probleme nicht allein lösen können. (b)
4 Man vermittelt zwischen unterschiedlichen Positionen, indem man sich immer beide Seiten anhört, indem man Schwierigkeiten offen anspricht und gemeinsam Lösungsmöglichkeiten auslotet. (d)

5 Dafür muss man nicht die besten Noten haben, aber man sollte gut zuhören können, außerdem sollte man möglichst neutral bleiben, damit man bei der Streitschlichtung behilflich sein kann. (a)
6 Klassen, die sich regelmäßig über Probleme austauschen, die gemeinsame Veranstaltungen planen, wann immer es ihnen möglich ist, können auch beim Lernen erfolgreicher sein als andere. (f)

Seite 66

1 1 „Die Klasse 8 wiederholt im September die Arbeit mit dem Duden", teilt die Lehrerin der Klasse mit.
2 „Nicht schon wieder", ruft Tom laut, „das war letztes Jahr so langweilig."
3 Pia erwidert: „Aber du brauchst doch immer noch zu lange, um Wörter zu finden."
4 „Außerdem ist es dein einzig mögliches Hilfsmittel in den Prüfungen. Deshalb sollte man den Duden sehr gut kennen", argumentiert Nadja.
5 „Genau", sagt die Lehrerin, „und bekannterweise macht nur Übung den Meister."

2 1 „Was macht ihr denn so in den Herbstferien?", will der Lehrer wissen.
2 „Chillen", brüllt Karl in die Klasse, „was denn sonst!" Und lacht sich kaputt.
3 „Ich fahre mit meinen Eltern nach Dänemark", unterbricht Josy Karls Lachen.
4 Karl fragt: „Warst du da nicht schon letztes Jahr? Wie langweilig!"
5 „Überhaupt nicht", erwidert sie, „denn unsere ganze Familie trifft sich dort einmal im Jahr, sonst haben alle zu wenig Zeit füreinander."
6 „Und das soll was Besonderes sein?", kontert Karl.
7 „Aber sicher. Wir lachen viel, fetzen uns beim Spielemarathon und haben auch Zeit für ernstere Gespräche", widerspricht Josy.
8 „Na dann wünsche ich dir viel Spaß", verabschiedet sich der Lehrer.
9 „Und mit deinen Eltern", sagt er an Karl gerichtet, „muss ich nach den Ferien unbedingt einmal sprechen."

Seite 68

1 b 1 Es ist für alle am Lernprozess Beteiligten lernförderlich, wenn „individuelle Lernfortschritte genauer erfasst […] werden können".
2 Digitale Medien, so das Ministerium, können vor allem dazu beitragen, „das Lernen im Unterricht und außerhalb der Schule besser" zu vernetzen.
3 Allerdings betont das Ministerium auch, dass „analoge Experimente, haptische Erfahrungen und der Austausch mit Mitschülern und Lehrkräften […] auch künftig eine wichtige Rolle spielen" werden.

1 c Quelle: Bundesministerium
Was bringt der Digitalpakt Schule den Schülerinnen und Schülern?, Online im Internet: digitalpaktschule.de/de/schuelerinnen-und-schueler-1734 [02.12.2022]

Seite 69

1 a In Deutschland gibt es z.Z. insgesamt sechzehn Naturparks. Ihre Aufgabe ist es, Pflanzen und Tiere zu schützen. Um zum Nationalpark ernannt zu werden, müssen diese Gebiete, die aus großen Flächen bestehen, frei vom Einfluss des Menschen sein. Deshalb dürfen keine Eingriffe in den natürlichen Kreislauf des Werdens und Vergehens vorgenommen werden. Die Parks, die auch der Erholung dienen sollen, können von Touristen unter strengen Auflagen besucht werden. Dazu gehört, dass die Menschen keinen Müll oder andere Spuren hinterlassen, wie z.B. abgebrochene Zweige. Darüber hinaus helfen die Parks auch der Wissenschaft und der naturkundlichen Bildung.

1 **b** ihre: Possessivpronomen; die: Relativpronomen; deshalb: Adverb; dazu: Adverb; wie z.B.: Adverb; darüber hinaus: Adverb

1 **c** Mögliche Lösung:
die Naturparks, diese Gebiete, die Parks, Menschen, Touristen

Seite 70

1 **a + b** Corona/pandemie; Distanz/lernen; Video/konferenzen; teil/nehmen; stress/frei; ein/teilen; Hilf/s/mittel; Schul/freunde; Schul/freundinnen; Wechsel/unterricht; Klein/gruppen; Lern/bereitschaft; aus/wirkte

2 mögliche Lösung:
spielen: das Basketballspiel, spielstark, mitspielen, das Abendspiel, spielfreudig, der Spieleabend
frei: freiberuflich, der Freibrief, das Freibad, freistehend, hitzefrei
die Nacht: nachtaktiv, die Silvesternacht, nachtblind, das Nachtflugverbot, die Mitternacht

Seite 71

4 Mögliche Lösung:
die Schließung, ab schließbar, abschließen
die Ersparnis, sparsam, sparen
die Hoffnung, hoffnungsvoll, hoffen
die Liebenswürdigkeit, lieblich, lieben
die Gleichung, vergleichbar, abgleichen

5 **a** Mögliche Lösung:
ein schmerzlicher Verlust, eine schmerzhafte Verletzung
ein kostbarer Diamant, ein köstliches Gericht
eine geistige Leistung, eine geistliche Predigt
ein gläubiger Mensch, eine glaubhafte Aussage

5 **b** Neuheit, Neuigkeiten; Klärung, Klarheit; Wirkung, Wirksamkeit

Seite 72

1 **a** Mögliche Lösung:
kichern, amüsieren, losprusten, grinsen, lächeln, schmunzeln, brüllen

2 Bengel, Männlein, Greis, Bursche, Mann, Kerl

Seite 73

1 **a** über – unter, der Riese – der Winzling / der Zwerg, klug – dumm, weinen – lachen, leise – laut

2 **a** ordentlich – unordentlich; das Geschick – das Missgeschick; leserlich – unleserlich; deuten – missdeuten; das Wetter – das Unwetter; das Verständnis – das Unverständnis / das Missverständnis; denkbar – undenkbar; das Vermögen – das Unvermögen; die Gunst – die Missgunst; treu – untreu

❷ **b** keine Gegensatzpaare: das Geschick – das Missgeschick; das Vermögen – das Unvermögen

❸ drunter, drüber; früher, später; jetzt, nie

Seite 74

❶ Mögliche Lösung:
die Wurzel (Teil einer Pflanze), der Mist (verunreinigtes Stroh, Dünger für Felder), der Läufer (Marathonläuferin / Figur beim Schach), die Taube (Vogelart)

❷ **a** Hochzeit, Hochzeit; Montage, Montage; Roman, Roman; rasten, rasten

❸ **a** Leuten, Läuten; frisst, Frist; Lärche, Lerche; Stelle, Ställe; Waise, weise

Seite 75

❶ den roten Teppich ausrollen – jemandem behilflich sein, jemandem etwas einfach machen
dein blaues Wunder erleben – negativ überrascht sein
eine weiße Weste haben – ohne Fehler sein, moralisch integer sein
eine grüne Lunge – mehr Grünflächen/Natur

❸ Mögliche Lösung:
1 eine schwierige Situation akzeptieren
2 etwas ist zu oft oder zu heftig vorgekommen
3 Zeit vergehen lassen / warten, bis eine Sache vergessen ist
4 etwas genau richtig verstehen/ die Kernaussage erfassen / die passende Antwort geben
5 verliebt sein/ glücklich sein

Seite 76

❶ Mögliche Lösung:
Der Himmel weint. – Es regnet.
Der Wind rüttelt an der Tür. – Der Wind weht sehr stark. /Die Tür wackelt und knarrt.
Der Tag verabschiedet sich. – Es wird langsam dunkel.
Die Zeit rennt davon. – Die Zeit geht schnell vorbei.

❷ Mögliche Lösung:
1 blindes Vertrauen: absolutes, sehr großes Vertrauen; **2** hilfreiches Wissen – nützliches Wissen; **3** schwache Nerven – etwas nicht aushalten/ertragen können; **4** intelligenter Kühlschrank – ein Kühlschrank, der z.B. selbst online einkauft; **5** starker Wille – große Durchsetzungskraft

❸

1 Frühling (V. 1–2)	lässt blaues Band flattern	Im Frühling ist der Himmel blau.
2 süße Düfte (V. 3–4)	streifen das Land	Es duftet schon ein bisschen nach Blumen, Blüten, wachsenden Pflanzen.
3 Veilchen (V. 5–6)	träumen, wollen kommen	Die Veilchen sind kurz davor, aus der Erde zu kommen und zu blühen.
4 Frühling (V. 8–9)	dich hab ich vernommen/ gehört	Der Frühling kündigt sich an, kommt bald.

Seite 77

1 1 Wir werden heute über eure Präsentation **sprechen**.
2 Wegen ihrer starken Halsschmerzen vermeidet sie das **Sprechen**.
3 Viele deutsche Touristen fahren zum **Wandern** in die Alpen.
4 Dann **wandern** sie über Stock und Stein und genießen die Aussicht.
5 In der Klassenarbeit werde ich euer **Wissen** testen.
6 Dann solltet ihr alles über unser behandeltes Thema **wissen**.
7 In diesem Jahr **feiern** viele von uns Jugendweihe.
8 Auf das ausgelassene, nächtliche **Feiern** freue ich mich schon riesig.

Seite 78

2 **a** allerlei Kostbares, wenig Erfreuliches, etwas Wichtiges, nichts Neues, viel Spannendes

2 **b** Mögliche Lösung:
In dem Schmuckkästchen war allerlei Kostbares zu finden.
Das letzte Jahr brachte uns wenig Erfreuliches.
Ich muss dir etwas sehr Wichtiges erzählen.
In diesem Jahr werde ich mir nichts Neues zum Anziehen kaufen.
Er konnte viel Spannendes von seiner Reise nach Australien berichten.

3 **a/b** Greta Thunberg ist eine Klima-Aktivistin aus Schweden. Mit acht Jahren hört sie zum ersten Mal vom Klimawandel. Greta erfährt viel Interessantes zu diesem Thema. Für sie ist es ein absolutes Muss, etwas zu tun. Beim Lesen und Studieren von Büchern, beim Schauen von Filmen und Recherchieren im Internet erkennt sie, welche Gefahren für unsere Welt bestehen.
Diese Erkenntnis bringt sie zum Verzweifeln. Greta stellt sogar das Essen und Trinken ein und verlässt das Haus nur noch selten. Mit 15 Jahren bastelt sie ein weißes Schild, auf dem „Schulstreik für das Klima" steht, und stellt sich damit vor das schwedische Parlament. Das wird der Beginn der Bewegung „Fridays for Future". Sie wird aktiv und setzt somit etwas Großes in Gang. So wird Greta zur Symbolfigur. Inzwischen demonstrieren weltweit Millionen Menschen.

4 zum ersten Mal, viel Interessantes, ein absolutes Muss, beim Lesen, beim Studieren, beim Schauen, beim Recherchieren, zum Verzweifeln, das Essen, das Trinken, etwas Großes

Seite 79

1 Kap der Guten Hoffnung: ein markantes Landschaftsgebiet mit Felsen; früher wegen ihrer Gefährlichkeit von Seefahrern gefürchtete Klippen an der Südspitze Afrikas
Schwäbische Alb: ein Mittelgebirge in Süddeutschland (Baden-Württemberg) mit kleineren Anteilen in der Schweiz
Goldene Aue: eine Landschaft zwischen Nordhausen und Sangerhausen im Grenzgebiet zwischen Thüringen und Sachsen-Anhalt
Kleine Antillen: eine Inselkette in der östlichen Karibik

2 1 die Blaue Moschee, der blaue Himmel
2 die fleißigen Bienen, das Fleißige Lieschen
3 der Deutsche Bundestag, der deutsche Staatsbürger
4 das Grüne Gewölbe, der grüne Salat
5 der französische Käse, der Französische Dom
6 die Hohe Tatra, das hohe Gebäude

Seite 80

3 der Erste Weltkrieg, der Versailler Vertrag, die Weimarer Republik
die Prager Burg, der Dresdener Zwinger, das Brandenburger Tor
Königliche Hoheit, Heiliger Vater, Eure Majestät
das Statistische Bundesamt, die Vereinten Nationen, die Technische Universität
der Kleine Feuerfalter, die Deutsche Dogge, die Schwarze Witwe
die Kanarischen Inseln, das Tote Meer, die Mecklenburgische Seenplatte

4 **1** die White Mountains
2 die Indische Platte
3 der Mittelatlantische Rücken, die Arktische See

Seite 81

1 **2** auf Biegen und Brechen – biegen, brechen (Verben); **3** grüne Neune – neun (Zahlwort);
4 ein Ach – ach (Interjektion)

2 **1** das Rot, das schöne Rot, das außergewöhnlich schöne Rot
3 beim Sprechen, beim lauten Sprechen, beim lauten und deutlichen Sprechen
4 unser Hurra, unser gemeinsames Hurra, unser gemeinsames und zustimmendes Hurra

3 **1** Du kannst alle Arbeiten im Sitzen erledigen.
2 Wenn alle sitzen, können wir beginnen.
3 Gemütliches Lesen mag ich gern im Liegen.
4 Wir liegen gern auf dem Sofa, weil wir dann gemütlich lesen können. Oder: Wir lesen gern auf dem Sofa, weil wir dann gemütlich liegen können.

Seite 82

1 **1** Manchmal könnte ich den ganzen Tag fernsehen.
2 Über deine Witze kann ich mich kaputtlachen.
3 Kann man es dir überhaupt recht machen?
4 Wirst du bald fertig sein?
5 Wir müssen alles prüfen, um ganz sicherzugehen.
6 Mit dieser Note kannst du sehr zufrieden sein.

2 **1** Das Team darf den besten Fahrer nicht hängenlassen.
2 Du kannst deine Jacke hier hängen lassen.
3 Er hat den Luftballon platzen lassen.
4 Du kannst den Termin nicht einfach platzenlassen.
5 Ich habe das Glas aus Versehen fallen lassen.
6 Diese Idee kannst du sofort wieder fallenlassen.

Seite 83

3 **1** Am nächsten Radrennen werde ich teilnehmen.
2 Ich werde mein Leben lang Rad fahren.
3 Vor der Geschwindigkeit darf man keine Angst haben.
4 Nach dem Rennen werde ich mit dem Rad auch noch heimfahren.
5 Ich hoffe, ich werde der Belastung standhalten.
6 Bei einem Wettkampf darf man keine Sekunde preisgeben.

4 a zurückholen, auseinandersetzen (oder: auseinander setzen), wiederholen (oder: wieder holen), aufeinander achten, vorsprechen, zusammen spielen (oder: zusammenspielen)

4 b Ich werde das ganze Geld zurückholen. Er musste sich lange mit dieser Frage auseinandersetzen. Die Lehrkraft wollte die beiden gerne auseinander setzen. Die Vokabeln müssen wir noch einmal wiederholen. Du kannst dir jetzt dein Handy wieder holen. Ihr müsst in Zukunft immer aufeinander achten. Sie wollte für diese Rolle unbedingt vorsprechen. Für ein paar Minuten könnt ihr noch zusammen spielen. Bei der Vorbereitung des Schulfestes haben alle Beteiligten gut zusammengespielt.

Seite 84

1 und 2

1 Du solltest deine Gefühle zugeben.
2 Ich bitte dich, mir den Schlüssel zu geben.
3 Ich habe nicht erwartet, so ein Geschenk zu bekommen.
4 Wir müssen die Tür irgendwie zubekommen.
5 Der Hund hat versucht, den Paketzusteller zu beißen.
6 Wegen Zahnweh konnte ich nicht richtig zubeißen.
7 Diese Beschreibung könnte auf den Täter zutreffen.
8 Ich bitte dich, eine Entscheidung zu treffen.

3 und 4 2 Es ist sehr schwierig, dir immer richtig zuzuhören.
3 Sie versuchte, den Fehler uns zuzuschreiben.
4 Es ist faszinierend, Vogelspinnen beim Häuten zuzusehen.

Seite 85

1 a

Getrenntschreibung:	Kleine Gasse, Auf dem breiten Feld, Unter den Linden, Am kurzen Eck, Halberstädter Straße
Zusammenschreibung:	Mozartplatz, Reeperbahn, Schlossplatz
mit Bindestrich:	König-Ludwig-Allee, Albert-Einstein-Allee

2 in die Burger Landstraße einbiegen, am Alten Markt wohnen, die Steubenallee befahren, Im Winkel parken, auf der Walther-Rathenau-Straße anhalten

Seite 86

1 der Lkw-Fahrer (a), der Geschirr-Reiniger (gleiche Buchstaben), 100-jährig (a), Max-Grimme-Preis (d), 8-Tonner (a), Elbe-Havel-Kanal (d), ¾-Takt (a), Kartoffel-Gemüse-Auflauf (b), 8-Zylinder (a), die Hawaii-Inseln (gleiche Buchstaben), das Streik-Ende (c)

2 dein Make-up, der Ich-Erzähler, die Lotto-Annahme-Stelle, das i-Tüpfelchen

Seite 87

1 a Abi – Abitur, Akku – Akkumulator, Kuli – Kugelschreiber, Demo – Demonstration, Deo – Deodorant, App – Applikation/application, hundertpro – hundertprozentig, Azubi – Auszubildende/-r, Reli – Religion, ego – egoistisch

c **1** Uni, **2** Info, **3** Disko, **4** Schiri, **5** Mayo, **6** Limo

d **Moped** – Lehnwort aus dem Schwedischen, Wortkreuzung aus *motor* und *pedaler*, Kleinkraftrad; **Trafo** – frz. transformateur/umformen, umwandeln/ wandelt elektrische Spannung um

Seite 88

2 die E-Mail – die elektronische Mail (Brief), electronic mail
das U-Boot – das Unterseeboot
die S-Bahn – die Stadtschnellbahn
die A-Bombe – die Atombombe
die U-Haft – die Untersuchungshaft

3 **a** Hausreinigung und/oder Gartenpflege (männlich, weiblich, divers)/
Berlin-Grünau / Stellenanzeige aus B.Z.
Minijob oder auf selbstständiger Basis, Bezahlung nach Vereinbarung / Bitte melden bei Haus-Service

4 ka – keine Ahnung, lg – liebe Grüße, bb – bis bald, kp – keinen Plan, lol – laughing out loud, omg – oh my god

Seite 89

1 Mögliche Lösung:
2 präsentieren – Das Verb *präsentieren* bedeutet, jemandem etwas vorstellen, darlegen, zeigen.
3 Antipathie – *Antipathie* ist eine Form der spontanen Abneigung gegen Menschen, Sachen oder Gegenstände
4 Interpret – Ein *Interpret* bietet ein musikalisches Stück dar.
5 antizyklisch – *Antizyklisch* meint, dass etwas einem Zyklus (Ablauf) entgegengerichtet verläuft.

2 das Problem, programmieren, der Protagonist, projektieren
interaktiv, das Internet, das Internat, interpretieren
das Präfix, das Präparat, präparieren, das Präsidium

Seite 90

3 **a** **1** Nach der Operation erfolgt eine **antiseptische** Behandlung der Wunde.
2 Ich möchte sichergehen, dass ihr im Praktikum so **produktiv** (**proaktiv**) wie möglich seid.
3 Die Ergebnisse eurer Gruppenarbeit werdet ihr in der Klasse **präsentieren**.
4 Das nächste Musikstück ist ein heiteres **Intermezzo**.
5 In letzter Sekunde gelang dem 1. FC Magdeburg der **Transfer** eines erfahrenen Stürmers.

3 **c** Mögliche Lösung:
In diesem Bereich kann man nur mit **antistatischen** Schuhen arbeiten.
Wer **proaktiv** ist, denkt in die Zukunft und wird zielgerichtet aktiv.
Ich **präferiere** dunkle Möbel.
Als **Interregnum** bezeichnet man eine Zwischenherrschaft in der Geschichte des Heiligen Römischen Reiches.
Drehstrom wurde durch **Transformation** in Gleichstrom umgewandelt.

4 **1** Mit dieser Impfung soll der Mensch möglichst viele **Antikörper** bilden können.
2 Für die Untersuchungsreihe benötigen wir **Probanden** zwischen 13 und 15 Jahren.
3 Wieder hat ein **prähistorischer** Fund gezeigt, dass der afrikanische Kontinent als Wiege der Menschheit bezeichnet werden kann.
4 Wir haben bereits versucht, in dieser Sache zu **intervenieren**.
5 Es muss geprüft werden, ob das Blut für eine **Transfusion** geeignet ist.

Seite 91

1 Der Text beschäftigt sich mit den aktuellen Problemen der Welt, wie beispielsweise Kriege und die Klimakrise. Mithilfe von Ideen der Professorin Maja Göpel werden zukunftsverbessernde Lösungen erklärt.

Seite 92

2
1 Eine Transformationsforscherin beschäftigt sich mit Technologien und Prozessen, die sich grundlegend wandeln. Dies kann innerhalb einer Gesellschaft oder weltweit geschehen.
2 durch die Klimakrise, durch zunehmende Armut, durch Kriege
3 Belastung durch Wetterphänomene, brennende Wälder, ausgetrocknete Flüsse
4 Um die Klimaziele zu erreichen, kann die Nutzung von Sonne und Wind dazu beitragen, mehr Energie ohne Luftverschmutzung zu erzeugen. (4. Absatz)
Artenreiche Mischwälder scheinen eine Antwort zu sein, da sie große Mengen an Kohlenstoffdioxid binden können. (5. Absatz)
5 „Maja Göpel betrachtet es als zukunftsweisend, Landnutzung multifunktional anzulegen. Diese zielt darauf ab, durch kluge Planung auf einer Fläche möglichst viele Bedürfnisse wie Ernährung, Artenschutz, Wohnen, Energiegewinnung und Ressourcenschonung gleichzeitig zu befriedigen." (7. Absatz)
6 Mögliche Lösung:
Jede einzelne Person kann mit Kleinigkeiten zum Klimaschutz beitragen. Eine Möglichkeit wäre es, den Haushalt plastikfrei zu organisieren. Das heißt zum Beispiel das Verwenden einer Holzzahnbürste, zum Einkaufen eigene Beutel mitnehmen und nicht jedes Lebensmittel extra verpacken. Eine andere Möglichkeit wäre, öfter auf das Auto zu verzichten. Kleine Wege können oftmals zu Fuß, mit dem Fahrrad oder mit den öffentlichen Verkehrsmitteln erledigt werden.

Seite 93

3 Mögliche Lösung: Aufwachen und Handeln

4 a **und b**
1 Statt auf einem Feld endlos Raps und Weizen anzupflanzen, <u>sollte</u> unter Bäumen angebaut werden, die Schatten spenden und Wasser im Boden halten.
2 Das <u>würde</u> nicht nur Erträge sichern, sondern auch Kohlendioxid aufsaugen, Wasserkreisläufe binden und den Boden vor dem Austrocknen schützen.
3 Dass uns der Klimawandel wirklich vor eine Gesundheitskrise <u>stellt</u>, <u>ist</u> sicher.
4 Viele Hitzetote, die Gefährdung der Ernährungssicherheit und der Zugang zu sauberem Wasser <u>sind</u> Faktoren, die den Klimawandel bisher begleiten.
5 Das Jahr 2019 <u>war</u> von einem wachsenden Klimabewusstsein geprägt, das auch durch weltweites Engagement von Jugendlichen verstärkt <u>wurde</u>.
6 Eine neue globale Krise, die Covid-19-Pandemie, <u>rückte</u> das Thema Gesundheit in den Mittelpunkt der öffentlichen und politischen Aufmerksamkeit.

4 c **3** NS, HS; **4** HS, NS; **5** HS, NS

Seite 94

5 Mögliche Lösungen (Auswahl):
Nomen/Substantiv: das Feld, der Raps, der Weizen, die Bäume, der Schatten
Verb: sollte, spenden, halten, würde, ist, sind, begleiten, rückte
Adjektiv: sauber, wachsend, neu, global, öffentlich
Konjunktion: statt, sondern, dass
Artikel: ein (Feld), das (Austrocknen), der (Klimawandel), die (Covid-19-Pandemie)
Präposition: auf, im (in dem), vor, unter
Pronomen: unter Bäumen, die Schatten spenden (Satz 1, Relativpronomen); uns (Satz 3, Personalpronomen); Faktoren, die den Klimawandel begleiten (Satz 4, Relativpronomen)
Adverb: endlos, wirklich, bisher

6 „Unsere Aktion beeinflusst die nächste Reaktion im System", sagt Maja Göpel. Die meisten Menschen wissen, dass der Klimaschutz ein überlebenswichtiges Thema ist.

7 **a** könne, verändere, sei, könnte, müsste

7 **b** könne/verändere – Konjunktiv I; könnte – Konjunktiv II; müsste – Konjunktiv II

Seite 95

8 Wetterphänomene zeigen, dass die Klimakrise da ist.
Durch das Erwärmen der Meeresoberfläche nehmen Stürme zu.
Dürreperioden sorgen für ein Austrocknen der Böden, so kommt es schneller zu Waldbränden.

9 **a** zum Negativen, jede/-r Einzelne

9 **b** beim Navigieren, das Streben, das Anhäufen

10 **1.** hinterfragen **2.** Alarm schlagen **3.** schwerwiegend **4.** zurückwerfen **5.** mithelfen

Seite 96

11 **a** analysieren – untersuchen; Inflation – Geldentwertung; fundamental – ausschlaggebend; Reduktion – Einschränkung; Investition – Kosten; Ressourcen – Mittel, Quellen

11 **b** Navigation – navigieren; Konsum – konsumieren; System – systematisieren; Investition – investieren

Muttersprache plus

8 Arbeitsheft

Herausgegeben von Viola Oehme

Erarbeitet von
Bärbel Döring, Sabine Mähring, Iris Marko, Antje Viohl

Cornelsen

Muttersprache plus

8 Arbeitsheft

Zu diesem Heft gibt es ein passendes **Schülerbuch** (ISBN 978-3-06-063282-4).

Redaktion: Karin Unfried
Illustrationen: Bettina Nutz, Mainz (S. 46, 49, 63, 65, 81, 83, 87); Sylvia Graupner, Dresden (S. 25, 29, 31, 33)
Umschlaggestaltung: werkstatt für gebrauchsgrafik, Garding
Umschlagillustration: Dorina Tessmann, Berlin
Layout: lernsatz.de
Technische Umsetzung: Straive

Textquellen: 24 ff. Felix Huby. Bienzle und der Sündenbock. Reinbek bei Hamburg: Rowohlt Verlag 1990, S. 92 ff. **31** Weiss, Peter: Schwarz leben. Aus: Klaus R. Scherpe (Hg.), In Deutschland unterwegs 1945–48. Reportagen, Skizzen, Berichte. Stuttgart: Philipp Reclam 1982, S. 359. **34** Brender, Irmela: Eine. Aus: Hans-Joachim Gelberg (Hg.), Menschengeschichten. 3. Jahrbuch der Kinderliteratur. Weinheim/Basel: Beltz & Gelberg 1975, S. 115. **36** Paul Boldt: Junge Pferde! Junge Pferde! Das Gesamtwerk. Hrsg. von Wolfgang Minaty. Olten und Freiburg im Breisgau: Walter-Verlag 1979, S. 70. **38** Kompt last vns ... (Ode V.) Aus: Martin Opitz: Gedichte. Eine Auswahl. Hrsg. von Jan-Dirk Müller. Stuttgart: Philipp Reclam jun. 1970, S. 161 f. **41 f.** Bertolt Brecht: Leben des Galilei. Frankfurt a. M.: edition Suhrkamp © 1955, erste Auflage 1963, S. 7 ff.

Bildquellen: 4 Science Photo Library/ MACROVECTOR; **5** statista.com; **6** imago images/ Cavan images; **9** stock.adobe.com/Song_about_summer; **13** dpa/Picture-Alliance/Iordache Magdalena/Shotshop; **14** PantherMedia GmbH/Péter Gudella; **16** mauritius images /Ulrich Niehoff /imageBROKER; **19** stock.adobe.com/Kzenon; **20** stock.adobe.com/ M.Dörr & M.Frommherz; **23** stock.adobe.com/Reicher; **36** Bridgeman Images, © Ludwig Meidner-Archiv, Jüdisches Museum der Stadt Frankfurt am Main; **38** INTERFOTO/Jürgen Wackenhut; **39** IMAGO/imagebroker; **40** BPK Bildagentur für Kunst/Adoc Photos; **42** Aufführung „Galileo" Mermaid Theatre London, Bernard Miles and Michael Platt, 1960 /mauritius Images/TopFoto; **44** mauritius images/alamy stock photo/sjtheatre; **53** IMAGO/Zoonar; **56** IMAGO/imagebroker; **61** IMAGO/Zoonar; **68** mauritius images / Johnér; **75** living4media/Image Source; **80** stock.adobe.com/Pixelmixel; **85** akg-images/ Stefan Ziese; **86** ClipDealer/jro-grafik; **88** IMAGO/foto-leipzig.de

www.cornelsen.de

Dieses Werk berücksichtigt die Regeln der reformierten Rechtschreibung und Zeichensetzung.
Die mit * gekennzeichneten Texte wurden aus didaktischen Gründen gekürzt und/oder verändert.

1. Auflage, 1. Druck 2023

Alle Drucke dieser Auflage sind inhaltlich unverändert und können im Unterricht nebeneinander verwendet werden.

Druck: Athesiadruck GmbH

ISBN 978-3-06-063309-8

Inhalt

Schreiben, Lesen

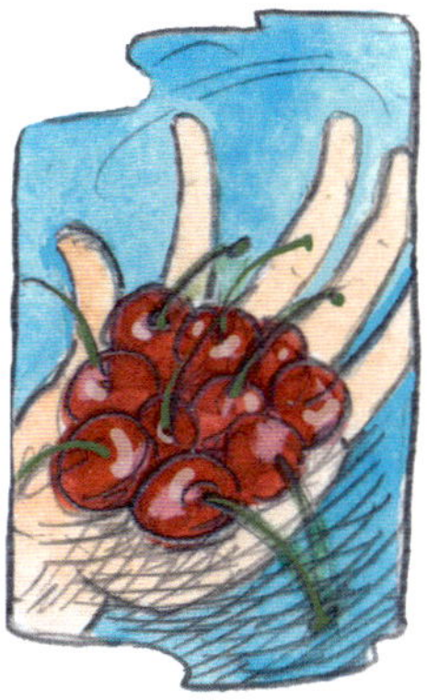

Schritt für Schritt:
Wort – Satz – Text

Sachtexte erschließen

Sachtexten Informationen und Meinungen entnehmen

Beim **sachlichen Informieren** wird objektiv über einen Sachverhalt oder ein Problem berichtet. Manchmal werden auch **Standpunkte** benannt und **Argumente** dafür (pro) und dagegen (kontra) vorgestellt, damit sich die Leserin bzw. der Leser eine eigene Meinung bilden kann.
Beim Erschließen von Sachtexten helfen **verschiedene Elemente**, z. B.:
- Überschriften und Zwischenüberschriften,
- Absätze und Textabschnitte,
- Bilder und Grafiken,
- erklärende oder ergänzende Fußnoten bzw. Hyperlinks in Internet-Texten (durch Anklicken der Links gelangt man zu einer erklärenden oder ergänzenden Webseite),
- sprachliche Mittel, an denen die Funktion des Textes erkennbar ist:
  - sachliche *W*-Fragen, z. B.: *Was sagt die Wissenschaft zur Mediennutzung?*,
  - Meinungsäußerungen, z. B.: *Besonders wichtig ist der Datenschutz*,
  - Aufforderungen, z. B.: *Schalte dein W-Lan aus!*

1 Verschaffe dir einen Überblick über den Inhalt des folgenden Textes.

a Überfliege den Text und betrachte die Bilder. Versuche das Thema zu erfassen.

Das Internet – eine tolle Erfindung

Das Internet spielt in unserem Alltag eine immer größere Rolle. Ob am Rechner, Notebook, Smartphone oder Tablet, das Internet ist fast immer und überall verfügbar. In Sekunden erhalten wir jegliche Art von Informationen und können uns mit Menschen auf der ganzen Welt austauschen. Es birgt aber auch Gefahren, die wir nicht unterschätzen dürfen und die insbesondere Kindern und Jugendlichen bewusst gemacht werden sollten.
Laut der neuesten JIM-Studie, einer wissenschaftlichen Untersuchung zur Mediennutzung von Jugendlichen, verfügen Familien in Deutschland zu 98 Prozent über einen Internetzugang. 97 Prozent der befragten Jugendlichen besitzen ein Smartphone und ebenfalls 97 Prozent einen Computer oder Laptop. In einem „Leitfaden für Jugendliche im Netz" der Uni Köln wird die Art der Internetnutzung beschrieben; dabei erfolgt eine Unterteilung in vier Kategorien: Kommunikation, Unterhaltung (Video, Musik), Spiele und Informationssuche.
Am häufigsten wird das Internet von Jugendlichen zur Kommunikation verwendet. Am zweithäufigsten nutzen Jugendliche das Internet zur Unterhaltung. An dritter Stelle steht die Nutzung von Online-Spielen. Relativ selten wird das Internet zur Informationssuche genutzt.
Da Jugendliche in erster Linie über ihr Smartphone ins Internet gehen, spielen Apps für ihre **Kommunikation** eine große Rolle. Die zehn beliebtesten Apps sind:

1. WhatsApp	**4.** TikTok
2. Instagram	**5.** Snapchat
3. YouTube	**6.** Spotify

7. Facebook
8. Google
9. Netflix
10. Twitter

Dabei liegen die ersten beiden mit großem Abstand vorne. Während Mädchen und Jungen WhatsApp für etwa gleich wichtig halten, benutzen Mädchen Instagram deutlich häufiger als Jungen.

Zur **Unterhaltung** dienen Jugendlichen zum einen Videos und Filme; diese finden sie bei YouTube, TikTok, Netflix und Amazon Prime. YouTube liegt als Anbieter deutlich vorne, gefolgt von TikTok, Netflix und Amazon Prime. YouTube als Videoplattform, auf der bislang ohne zusätzliche Kosten Videos, Filme oder Videoclips angeschaut, bewertet und kommentiert oder selbst eingestellt werden können, ist nach wie vor für Jugendliche die wichtigste Plattform. Dort gibt es professionell gedrehte Serien und Filme, Amateurvideos, Handyfilme, Musik- und Tiervideos oder Anleitungen und Tipps für die Schule und den Alltag.

Bei den Videos, die Jugendliche sich in YouTube anschauen, erfreuen sich Musikvideos der größten Beliebtheit, bei den Mädchen etwas mehr als bei den Jungen.

Digitale Spiele (Computer-, Konsolen-, Tablet- und Handyspiele) sind bei Jugendlichen sehr beliebt. Laut der JIM-Studie spielen 73 Prozent der Jungen und 43 Prozent der Mädchen diese Spiele täglich. Dabei wird am häufigsten das Handy bzw. das Smartphone benutzt, gefolgt von Konsolenspielen, Computer (offline) und Tablet. Jungen nutzen digitale Spiele fast zwei Stunden täglich, rund doppelt so lange wie Mädchen. Die beliebtesten Spiele sind Fortnite, FIFA und Minecraft.

Informationssuche über das Internet spielt bei Jugendlichen eine eher untergeordnete Rolle; so verbringen Jungen etwa 9 Prozent ihrer Online-Zeit mit Informationssuche und Mädchen etwas 12 Prozent; bevorzugte Plattformen sind dabei Suchmaschinen wie Google, YouTube und Wikipedia. Nachrichten scheinen Jugendliche weniger zu interessieren; die bevorzugten Plattformen sind dabei Facebook und Twitter sowie die Nachrichtenportale von Zeitungen und Zeitschriften. Wenn Jugendliche allerdings befragt werden, welchen Nachrichtenquellen sie am meisten vertrauen, dann nennen sie die öffentlich-rechtlichen Fernseh- und Radiosender sowie regionale Tageszeitungen.

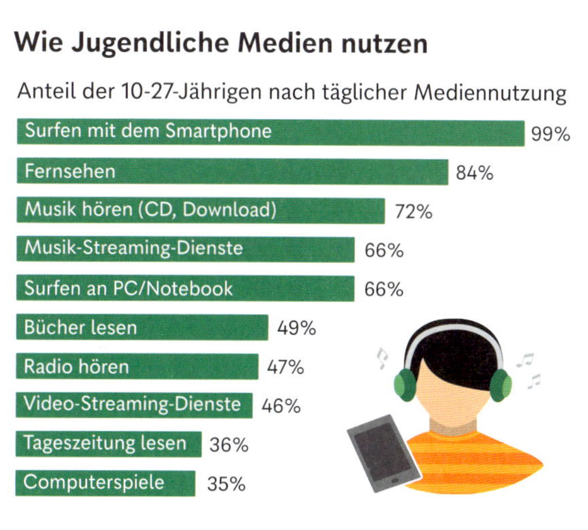

b Formuliere in einem Satz, worum es in dem Text geht.

Der Text handelt von ____________________

c Nenne die vier Bereiche, in denen das Internet genutzt wird.

Die vier Bereiche sind ____________________

____

2 Lies den Text noch einmal gründlich.

a Nenne die beiden im Text erwähnten Quellen der Informationen.

____

b Im Text findest du vier Hinweise auf unterschiedliches Online-Verhalten von Jungen und Mädchen. Beschreibe die Unterschiede.

____

____

____

____

3 Betrachte das Balkendiagramm „Wie Jugendliche Medien nutzen".

a Formuliere jeweils einen Satz zum höchsten und zum niedrigsten Wert des Balkendiagramms.

99 Prozent der 10- bis 27-Jährigen ____________________

____

b Schreibe einen kurzen Text zu deinem persönlichen Medienverhalten und vergleiche es mit den Angaben im Balkendiagramm.

____

____

____

____

____

4 Lies den Text erneut und entscheide, ob es sich um einen rein informierenden Text handelt oder ob er auch meinungsbildende Aussagen enthält.

Der Text ist ____________________

Die meisten **Sachtexte** wollen informieren, sie können aber auch **wertenden Charakter** haben, weil die Autorin bzw. der Autor den eigenen Standpunkt mitteilen und manchmal auch Meinungen beeinflussen möchte.

Standpunkte können **direkt** oder **indirekt** deutlich gemacht werden:

- **direkt** durch konkrete **Formulierungen** (z. B.: *Ich finde/meine/denke, … Meiner Meinung nach …, Unsere Auffassung dazu …*) und konkrete **Aussagen** (z. B.: *Einfach durchsetzbar ist das nicht; Das ist richtig/falsch; Gut/Schlecht wäre, wenn …*),
- **indirekt** durch **wertende Adjektive** (z. B.: *bedauerlich, erstrebenswert, wertvoll*), **wertende Verben** (z. B.: *kritisieren, verabscheuen, freuen, loben*), **wertende Nomen** (z. B.: *Glücksumstand, Ärgernis, Elend, Ehre*), **wertende Fügungen** (z. B.: *Da kann man sich nur wundern!; Wenn das mal gut geht!; Ist das gerecht?*).

5 Untersuche den folgenden Sachtext mit dem Thema „Social Media".

a Überfliege den Text und formuliere darunter in einem Satz, wovon er handelt.

Wer nicht online ist, ist out

Soziale Netzwerke können scheinbar alles: Hier werden Nachrichten geschrieben und es wird gechattet. Jugendliche können ihre Gedanken, Erlebnisse und Meinungen posten und mit anderen Nutzern diskutieren. Man kann andere Profile anschauen und Gruppen zu verschiedenen Themen bilden. Die Nutzer/-innen können Fotos hochladen und austauschen. Es gibt Neuigkeiten aus Lebensbereichen wie Sport, Musik oder Stars. Auch Online-Spiele sind eine beliebte Freizeitbeschäftigung. Die Anwesenheit im sozialen Netzwerk ermöglicht den ständigen Kontakt zu Freunden und Gleichgesinnten.
Doch ist der Gruppendruck durch die sozialen Netzwerke leider groß: Jugendliche können es sich nicht leisten, in keiner der beliebten Communitys Mitglied zu sein. Die Gefahr, ansonsten als Außenseiter/-in zu gelten, ist groß. Zumal die Organisation des sozialen Lebens häufig über die Netzwerke erfolgt. Dort werden Neuigkeiten gepostet, Themen diskutiert oder gemeinsame Aktivitäten geplant. Wer nicht informiert ist, kann nicht dabei sein. Viele Jugendliche schalten ihr Handy niemals aus, um nichts zu verpassen. So kann es passieren, dass die akustische Meldung einer Nachricht den Schlaf unterbricht oder das Lesen von Nachrichten während des Unterrichts die Konzentration beim Lernen stört. Um die Gesundheit und den schulischen Erfolg der Jugendlichen nicht zu gefährden, sollten Eltern und Lehrkräfte darauf dringen, dass Handys nachts und während des Unterrichts ausgeschaltet bleiben.
Manche Party-Einladung über Facebook hat schon zu einer mittleren Katastrophe geführt, weil ein Häkchen falsch gesetzt wurde. Ein kostenpflichtiger Polizeieinsatz wurde nötig, um die vielen ungebetenen Gäste loszukriegen. Außerdem gibt es im Internet Angebote, die nicht jugendfrei sind und oft nur einen Mausklick von harmlosen Seiten entfernt liegen. Besorgniserregend sind die Möglichkeiten des anonymen Mobbings, die junge Menschen in die Verzweiflung oder gar in den Selbstmord treiben können. Online-Spiele sind zwar meist kostenlos, doch durch In-Game-Käufe können sie spielend zur Abzocke werden. Deshalb ist es so wichtig, dass Elternhaus und Schule die jungen Menschen über die Gefahren des Internets informieren und ihnen bei Problemen zur Seite stehen.

Der Text handelt von

> **Tipp**
> Orientiere dich am Merkkasten S. 7.

b Lies den Text noch einmal und markiere Textstellen, an denen der wertende Charakter des Textes deutlich wird.

c Welchen Standpunkt vertritt die Autorin? Formuliere ihn in einem Satz.

d Untersuche die Argumente der Autorin genauer. Übernimm die folgende Tabelle in dein Heft und ergänze sie.

Was spricht für die Nutzung von sozialen Netzwerken, was spricht dagegen?

Pro-Argumente	*Kontra-Argumente*
...	...

> **Tipp**
> Nutze direkte oder indirekte Formulierungen aus dem Merkkasten S. 7.

e Stimmst du der Autorin zu oder nicht? Formuliere deinen Standpunkt zum Thema und begründe ihn mithilfe von Argumenten. Schreibe in dein Heft.

●●● f Stimmst du der Autorin zu oder nicht? Schreibe einen eigenen Text zum Thema in dein Heft. Erörtere den Standpunkt der Autorin mithilfe von Pro- und Kontra-Argumenten.

> Neben informierenden und wertenden Sachtexten gibt es Texte mit **appellierendem (aufforderndem) Charakter**. Das Appellieren zielt darauf, die Meinung der Leserinnen und Leser zu beeinflussen und möglichst eine von der Autorin oder vom Autor gewollte Handlung bei ihnen auszulösen.

6 Erschließe einen weiteren Text zum Thema „Jugendliche und Medien".

a Überfliege den Text und formuliere darunter in einem Satz, wovon er handelt.

Sicherheit im Netz

Bei einer Befragung geben fast alle Nutzer/-innen an, dass ihnen die Sicherheit während der Internetnutzung sehr wichtig ist. Trotzdem verhalten sich die meisten Nutzer/-innen unvorsichtig. Die Sicherheit interessiert am meisten beim Online-Banking oder beim Online-Shopping. Groß ist auch die Sorge, sich einen Virus einzuhandeln. Die sichere Nutzung von sozialen Netzwerken hingegen besitzt keinen hohen Stellenwert.
Internetnutzer/-innen sollten Sicherheitsrisiken erkennen und sich dagegen schützen:

– Verwende sichere Passwörter. Sie sollten mindestens achtstellig, eine Mischung aus Groß- und Kleinschreibung, Ziffern und Sonderzeichen und nicht immer gleich sein. Es sollten nicht der Name deines Haustieres, dein Spitzname oder ähnliche leicht zu erratende Wörter sein. Merksätze können dir dabei helfen, die Passwörter nicht zu vergessen. Gib deine Passwörter nicht weiter. So verhinderst du, dass Fremde auf wichtige Daten von dir zugreifen können.

- Installiere ein Anti-Virenprogramm und aktualisiere es regelmäßig.
- Schütze deinen Computer mit einer Firewall („Brandwand"). Eine Firewall schützt vor Angriffen und unberechtigten Zugriffen aus dem Internet und sollte nie ausgeschaltet werden.
- Gehst du zu Hause kabellos ins Internet? Dann sichere dein WLAN-Netzwerk über eine verschlüsselte Verbindung. Wenn du unterwegs kabellos surfst, verschicke möglichst keine wichtigen Daten. Schalte dein WLAN aus, wenn du es nicht brauchst.
- Führe regelmäßig Sicherheitsupdates deines Betriebssystems durch. Am besten stellst du es so ein, dass du wichtige Updates automatisch erhältst. So werden Sicherheitslücken geschlossen.
- Öffne keine E-Mails mit unbekanntem Absender, vor allem keine Dateianhänge. Antworte nicht auf unerwünschte E-Mails.

Besonders wichtig ist der Schutz der persönlichen Daten wie zum Beispiel der Name, das Geburtsdatum, der Wohnort, die Telefonnummer, die E-Mail-Adresse, Social-Media-Profile oder IP-Adressen sowie besondere personenbezogene Daten, wie beispielsweise Informationen über Gesundheit oder Herkunft.

Ein leichtfertiger Umgang mit diesen Daten beispielsweise durch

- die Inanspruchnahme von kostenlosen Diensten, die häufig mit persönlichen bzw. personenbezogenen Daten gezahlt werden (z. B. WhatsApp, Google-Street-View),
- die unachtsame Nutzung von sozialen Netzwerken (z. B. Facebook, Instagram), über die im Deckmantel von Profilgestaltungen zahlreiche Fotos, Videos und persönliche bzw. personenbezogene Daten dargestellt und präsentiert werden,
- die Datenspuren, welche durch die tägliche Nutzung (Chat, Shopping, Onlinebanking) im Internet hinterlassen werden,

kann zur Folge haben, dass persönliche bzw. personenbezogene Daten einer Person für jedermann leicht zugänglich sind und somit für verschiedene Zwecke missbraucht werden können (z. B. Identitätsdiebstahl).

b Die Struktur des Textes erleichtert das Verständnis des Inhalts. Lies den ersten Teil des Textes (Z. 1–27) noch einmal gründlich und unterstreiche die Kernaussagen zum Thema Sicherheitsrisiken.

c Lies den zweiten Teil des Textes (Z. 28–43) noch einmal und nenne die drei Aktionen, die den Schutz deiner Privatsphäre gefährden.

1. ______________________________

2. ______________________________

3. ______________________________

d Woran erkennen die Leser/-innen den appellierenden Charakter des Textes? Notiere Beispiele in dein Heft.

Inhaltsangaben zu Sachtexten schreiben

Mit einer **Inhaltsangabe** gibt man in sachlicher, knapper Form den Inhalt eines Sachtextes **zusammenfassend** wieder. Dabei sollte man immer berücksichtigen, **für wen** und **warum** die Inhaltsangabe verfasst wird. Man formuliert im **Präsens** oder **Perfekt**.

Eine Inhaltsangabe enthält folgende **Bestandteile**:

- **Einleitung**: Angaben zu Titel, Autorin bzw. Autor, Thema und Quelle des Textes, z. B.: *Der von mir genutzte Text hat die Überschrift „…“.*
  Das Thema des Textes ist …
  Der Text wurde von … verfasst und ist in … erschienen.
- **Hauptteil**: Hauptinformationen sowie wichtige Informationen der einzelnen Textabschnitte, z. B.:
  Die Hauptaussage des Textes lautet: …
  Außerdem findet man im Text wichtige Informationen über …
  Darüber hinaus erfährt man im Text einiges über …
- **Schluss**: Gründe für die Auswahl bzw. Bedeutung des Textes und Überleitung zum eigenen Thema bzw. Anliegen, z. B.:
  Der Text ist interessant, weil …
  Für mein Thema ist der Text hilfreich, weil …

1 Schreibe eine Inhaltsangabe zum Sachtext „Das Internet – eine tolle Erfindung“ (S. 4).

a Orientiere dich an der Gliederung im Merkkasten. Notiere zunächst zu allen drei Bestandteilen Stichpunkte, die du in deiner Inhaltsangabe unterbringen möchtest.

Einleitung: ______________________________

____

Hauptteil: ______________________________

____

____

____

____

Schluss: ______________________________

____

b Schreibe nun die Inhaltsangabe als zusammenhängenden Text in dein Heft.

c Überarbeite deinen Text und achte dabei auf die Tipps aus dem Merkkasten. Überprüfe auch die Rechtschreibung und Zeichensetzung.

Sich schriftlich mit Problemen auseinandersetzen – Erörtern

Lineare Erörterungen schreiben

Beim **Schreiben einer Erörterung** verfasst man einen umfangreicheren **zusammenhängenden Text**, in dem man sich mit einem **Problem** oder einer **Frage** auseinandersetzt. Dazu werden **Meinungen** bzw. **Standpunkte** formuliert und durch mehrere **Argumente** (Begründungen und Beispiele) gestützt. Dabei kommt es auf eine sinnvolle **Gliederung** und eine genaue **Sprache** an.
Die **lineare (steigernde) Erörterung** ist eine der beiden Hauptformen des schriftlichen Erörterns. Man baut sie folgendermaßen auf:

- **Einleitung:**
  - Thema nennen, Problem beschreiben,
  - Interesse der Leserinnen und Leser wecken,
  - Frage formulieren,
- **Hauptteil:**
  - den eigenen **Standpunkt** als Aussage oder Behauptung formulieren,
  - den Standpunkt durch **Argumente** (Begründungen und Beispiele) begründen, wobei das wichtigste am Anfang oder am Schluss steht,
- **Schluss:**
  - die eigene Meinung zusammenfassen,
  - Schlussfolgerungen für das Handeln ableiten.

Eine lineare Erörterung untersuchen

1 Untersuche die folgenden Beiträge aus einer Jugendzeitschrift.

a Lies die beiden Beiträge.

Hobbys gegen Langeweile

Studien belegen, dass Hobbys eine wichtige Bereicherung für Kinder und Jugendliche, aber auch für Erwachsene sein können. Daraus ergibt sich die Frage, ob man ein Hobby oder sogar mehrere Hobbys haben sollte.
Ich bin der Meinung, dass jede/jeder mindestens ein Hobby haben sollte.
Denn dadurch kann man herausfinden, was einem besonders Spaß macht und was nicht. Wer beispielsweise ein Musikinstrument erlernt und merkt, dass sie oder er eher Bewegung braucht, wählt vielleicht besser eine sportliche Aktivität aus.
Ein weiterer Aspekt ist, dass sich durch Hobbys der Freundeskreis vergrößern kann, da man mit Gleichgesinnten zusammen ist, mit denen man zum Beispiel gemeinsam Fußball spielt oder ein Theaterstück einstudiert.
Wichtig ist auch, dass Hobbys ein wichtiger Ausgleich zum Schulalltag sind, denn man kann dabei gut abschalten und Stress abbauen. So kann man zum Beispiel auch negative Erlebnisse besser verarbeiten.
Hobbys sind also auf jeden Fall ein wichtiger Bestandteil unseres Lebensalltags. Deshalb mein Tipp für alle, die noch kein Hobby gefunden haben: Vertreibt die Langeweile – werdet aktiv! (*Akim, Redaktionsteam*)

Hobbys können auch zur Belastung werden

Studien betonen zwar die positiven Seiten der Ausübung von Hobbys, aber man sollte auch die Gegenargumente bedenken.
Ich bin der Meinung, dass nicht jede/-r ein oder mehrere Hobbys haben muss. Dafür spricht, dass man, wenn man in seiner Freizeit Woche für Woche das Gleiche macht, schnell die Lust daran verlieren kann. Dann wird beispielsweise nicht mehr regelmäßig auf dem Instrument geübt.
Des Weiteren sind manche Hobbys sehr kostenintensiv, sodass nicht jede/-r das Traumhobby ausüben kann, zum Beispiel bei hohen Kosten für besondere Bekleidungsstücke wie Ballettschuhe.
Zu bedenken ist auch, dass oft zu wenig Zeit für schulische Aufgaben bleibt, weil zu viel Freizeit für Hobbys genutzt wird. Meine Schwester kommt meist erst sehr spät vom Training nach Hause und hat dann keine Lust mehr ihre Hausaufgaben zu erledigen.
Ich bin der Meinung, wenn jemand keiner regelmäßigen Freizeitbeschäftigung nachgeht, so ist das dessen persönliche Entscheidung. (*Maren, Redaktionsteam*)

b Notiere das Thema dieser beiden Beiträge.

____

c Formuliere das Problem, das in beiden Beiträgen erörtert wird, als Frage.

____

____

d Untersuche, welchen Standpunkt Akim und welchen Standpunkt Maren vertritt. Ergänze die folgenden Sätze.

Akim vertritt den Standpunkt, dass ______________________________

____

Maren ist der Meinung, dass ______________________________

____

Tipp
Du kannst die Begründungen / Beispiele im Text markieren.

e Untersuche, mit welchen Argumenten Akim seinen Standpunkt stützt. Übertrage den Anfang der Tabelle in dein Heft und ergänze sie.

Argument	Begründung	Beispiel
1	*Man kann herausfinden, was ...*	*Musikinstrument oder Sport ...*
2	...	...
...	...	...

f Kreuze an, welches von Akims Argumenten du am stärksten findest. Überlege, ob er aus deiner Sicht das stärkste Argument an die richtige Stelle seiner Erörterung gesetzt hat.

Tipp
Denke z. B. an Talente / Selbstständigkeit / Berufswahl.

g Begründe, ob es Akim deiner Meinung nach gelungen ist, seinen Standpunkt (Aufgabe 1d) zu verdeutlichen. Schreibe ins Heft.

h Ergänze noch ein weiteres Argument (Begründung und Beispiel), das Akims Standpunkt stützt. Schreibe in dein Heft.

i Untersuche mithilfe der Angaben im Merkkasten (Seite 11), ob Akim seine Erörterung richtig in Einleitung, Hauptteil und Schluss gegliedert hat.

j Lies noch einmal Marens Beitrag und untersuche ihn ebenfalls. Löse dazu analog zu Akims Beitrag die Aufgaben 1 e bis i in deinem Heft.

k Notiere, ob du dich Akims oder Marens Standpunkt anschließt. Begründe deinen Standpunkt. Schreibe in dein Heft.

Eine lineare Erörterung schreiben

2 Schreibe nun selbst eine lineare Erörterung zu folgendem Thema: „Betriebspraktika sind wichtig für die Berufsvorbereitung".

a Schreibe das Thema in dein Heft. Formuliere darunter das im Thema enthaltene Problem als Frage.

b Formuliere deinen Standpunkt zur Frage aus Aufgabe a. Schreibe in dein Heft.

c Übertrage den Anfang der Tabelle in dein Heft und ergänze sie.

Tipp
Berücksichtige die Angaben im Merkkasten S. 11.

Argument	Begründung	Beispiel
1	...	...
...	...	...

d Verfasse die Einleitung, den Hauptteil und den Schluss deiner Erörterung. Schreibe in dein Heft.

e Überarbeite deinen Entwurf mithilfe der Checkliste und schreibe die Endfassung in dein Heft.

Checkliste: Die Erörterung überarbeiten	
Habe ich meinen Standpunkt deutlich gemacht?	☐
Enthält mein Hauptteil überzeugende Argumente für meinen Standpunkt?	☐
Sind die Sätze sinnvoll verknüpft? Werden Wortwiederholungen vermieden?	☐
Enthält mein Schluss eine Zusammenfassung?	☐
Ist der Text fehlerfrei? (Rechtschreibung und Zeichensetzung)	☐

2b Du kannst z. B. so anfangen:
Sind Berufspraktika ...?

2c Du kannst z. B. folgende Begründungen ergänzen:
Erfahrungen sammeln / eigene Fähigkeiten testen / Kontakte knüpfen /

2d Du kannst Begründungen z. B. mit folgenden Formulierungen einleiten:
weil ... / dafür spricht ... / des Weiteren ...

Kontroverse (dialektische) Erörterungen schreiben

Die **kontroverse (dialektische) Erörterung** ist neben der linearen Erörterung die zweite Hauptform des schriftlichen Erörterns. Dabei wägt man im **Hauptteil** verschiedene **Argumente für (pro)** und **gegen (kontra)** einen **Standpunkt** zu einem Problem bzw. einer Frage ab. Eine Möglichkeit der **Gliederung** ist die Gegenüberstellung der Argumente **im Block**. Das heißt, zuerst werden alle Pro-Argumente angeführt und danach alle Kontra-Argumente oder umgekehrt. Ausschlaggebend ist, ob man sich selbst für Pro oder für Kontra entscheidet oder einen Kompromiss vorschlägt. Die Argumente für die eigene oder stärkere Position stellt man an das Ende, weil sie den Lesenden so besser im Gedächtnis bleiben, z. B.:
Behauptung/Aussage: *Urlaub mit den Eltern ist für Jugendliche immer noch attraktiv.*
Pro-Argument 1: *Jugendliche müssen kein Geld für den Urlaub ausgeben, z. B. …*
Pro-Argument 2: *Die Eltern buchen den Urlaub und kümmern sich um alles. Bspw. …*
Kontra-Argument 1: *Jugendliche sollten Verantwortung übernehmen und …, z. B. …*
Kontra-Argument 2: *Es kann zu Meinungsverschiedenheiten kommen, z. B. …*
Eine zweite Möglichkeit der **Gliederung** des **Hauptteils** einer **kontroversen (dialektischen) Erörterung** ist folgende: Man verbindet die Pro-Argumente und Kontra-Argumente **im Wechsel.**

Eine kontroverse Erörterung untersuchen

1 Die folgenden Textausschnitte sind Teile einer kontroversen Erörterung.

a Lies zunächst die Einleitung.

Als Jugendliche noch mit den Eltern in den Urlaub?

Im Freundeskreis diskutieren wir seit einiger Zeit darüber, wie wir unsere Ferien gestalten wollen. Einige möchten nicht mehr mit den Eltern in den Urlaub fahren, sondern ihre Ferien mit Freunden verbringen oder eine Jugendreise buchen. Bevor man eine Entscheidung trifft, sollte man das Für und Wider genauer betrachten.

b Notiere das in der Einleitung genannte Problem als Frage:

____

Tipp
Standpunkt: Achte auf die Benennung der Argumente (Pro-/Kontra-).

c Untersuche die folgenden Argumente. Markiere jeweils Begründung und Beispiele unterschiedlich. Notiere darunter, von welchem Standpunkt sie ausgehen.

Pro-Argument 1

Wenn man mit den Eltern verreist, muss man sich um die Finanzierung des Urlaubs nicht kümmern. Meist übernehmen die Eltern die Kosten, sodass das Taschengeld z. B. für Reisesouvenirs, Kino und andere Vergnügungen übrig bleibt. […]

Kontra-Argument 1

Wenn die Eltern den Urlaub finanzieren, ist man von ihnen abhängig und muss dankbar sein. Man sollte sich z. B. ihren Vorhaben, Ausflügen u. Ä. anschließen.

Standpunkt ______________________________

d Lies folgendes Argument und beurteile, ob es ein Pro- oder ein Kontra-Argument zu dem in Aufgabe 1c formulierten Standpunkt ist. Ergänze in der Randspalte.

________ - Argument 2

Wer sich gegen einen Urlaub mit den Eltern entscheidet, muss mehr Eigenverantwortung aufbringen, egal ob man mit Freundinnen und Freunden oder mit einer Reisegruppe unterwegs ist. Man kann nicht auf die Unterstützung der Eltern bauen und muss z. B. selbstständig Entscheidungen fällen oder finanzielle Dinge klären.

e Notiere in deinem Heft mindestens zwei weitere Argumente, die für das Verreisen mit den Eltern sprechen, und zwei Argumente, die dagegen sprechen.

f Bilde dir deinen Standpunkt zu dieser Frage und notiere ihn.

____

____

Eine kontroverse Erörterung schreiben

2 Schreibe eine kontroverse Erörterung zum Thema „Sollte man mit 14 schon ohne die Eltern in den Urlaub fahren?".

a Schreibe eine Einleitung.

____

____

____

____

____

____

Tipp
Achte genau auf das Thema der Erörterung.

b Überlege, welche Argumente du aus den Aufgaben 1 c bis e übernehmen möchtest. Markiere oder notiere diese in dein Heft.

c Ergänze ggf. weitere Pro-Argumente und Kontra-Argumente und ordne sie.

d Verfasse Hauptteil und Schluss deiner Erörterung. Überlege, wie du deine Argumente im Hauptteil anordnen möchtest.

e Überarbeite deinen Entwurf der Erörterung und schreibe die Endfassung ins Heft. Orientiere dich an der Checkliste auf S. 13.

2 d/e Du kannst folgende Formulierungen verwenden:
Im Hauptteil (zur Verknüpfung von Argumenten) z.B.:
ebenso … / ebenfalls … / aber auch … / dagegen … / demgegenüber… / einerseits – andererseits … / besonders wichtig … / hervorheben …
Im Schlussteil z.B.:
zum Schluss … / schließlich … / zusammenfassend …

Mitteilungen schreiben

Beschwerden und Reklamationen schreiben

Mit einer **Beschwerde** teilt man seine Unzufriedenheit mit einer Entscheidung, einem Beschluss oder einer Dienstleistung mit und erhebt Einspruch.
Eine schriftliche Beschwerde sollte wie ein **offizieller Brief** bzw. eine **offizielle E-Mail** verfasst werden. In jedem Fall ist auf eine **sachliche und höfliche Ausdrucksweise** zu achten.
Bei einer **schriftlichen Beschwerde** beschreibt man, worin das Problem besteht, und erklärt, welche Lösung man erwartet. Der Brief bzw. die E-Mail kann mit einer Bitte um Rückmeldung beendet werden.

Eine Beschwerde untersuchen

Achtung, Fehler!

1 Oliver hat im Namen seiner Sportgruppe eine Beschwerde an die Bürgermeisterin geschrieben.

a Lies die Beschwerde von Oliver.

Oliver Raschke
01904 Birka
Beispielweg 8

Gemeindeamt
Frau Schubert
Musterweg 17
01904 Birka

17. 06. 20..

Hallo, liebe Frau Schubert,

ich schreibe Ihnen im Namen meiner Tischtennis-Sportgruppe, der Sie beim Wettkampf im März zwei neue Tischtennisplatten verspochen haben. Doch leider sind bisher keine Tischtennisplatten in Sicht!!! Darüber sind wir sehr erbost!
Wann werden Sie endlich Ihr Versprechen einlösen?
Wir erwarten umgehend eine Antwort von Ihnen.

Bis bald! Oliver

b Notiere den Grund für Olivers Beschwerde.

____

Tipp
Orientiere dich am Merkkasten.

c Überprüfe den Briefkopf mithilfe folgender Fragen:

Sind die Angaben zum Absender korrekt? Sind die Angaben zur Adressatin korrekt? Gibt es eine Betreffzeile?

d Markiere, was sprachlich unangemessen ist und nicht der Höflichkeitsform entspricht.

Eine Beschwerde überarbeiten

e Überarbeite Olivers Beschwerde sprachlich und inhaltlich. Nutze deine Ergebnisse aus den Aufgaben c und d. Schreibe den Brief in dein Heft.

> Eine **Reklamation** ist eine spezielle Form der Beschwerde, nämlich eine Mängelanzeige zu einer Ware.
> Eine **schriftliche Reklamation** sollte folgende **Bestandteile** enthalten:
> - **Betreffzeile:** sollte „Reklamation" und die Bestell- oder Rechnungsnummer, ggf. auch die Nummer des Lieferscheins enthalten,
> - offizielle (höfliche) **Anrede**,
> - **Hauptteil:** genaue Warenbezeichnung und Liefertermin, Beschreibung des Mangels bzw. Problems und der erwarteten Behebung bzw. Lösung,
> - offizielle (höfliche) **Grußformel**,
> - evtl. Auflistung der **Anlagen**.
>
> Wichtig ist auch hier eine **sachliche und höfliche Ausdrucksweise**.

2 Alina hat sich einen Fahrradrucksack bestellt. Beim Auspacken der Ware stellt sie fest, dass die dazugehörige Schutzhülle für den Rucksack fehlt.

Eine Reklamation planen

a Lies die Angaben, die sich Alina für das Schreiben einer Reklamation notiert hat.

Absender: Alina Tezel, 07570 Weida, Musterweg 7,

Schultaschenvertrieb, 06132 Halle, Gewerbestraße 14

Bestellnummer: 7770XX / Preis: 72,00 Euro

Produktbezeichnung: FR / 1A / Blau

Liefertermin: gestern / 15. 6. 20 ..

Problem: fehlende Schutzhülle *Lösung: Nachlieferung*

b Notiere in einem Satz, was Alina mit ihrer Reklamation erreichen möchte.

____

c Markiere, welche Anrede du für das Reklamationsschreiben für geeignet hältst. Wähle aus den folgenden aus:

Lieber Schultaschenvertrieb, … / Sehr geehrte Damen und Herren, … / Hallo, liebe Mitarbeiterinnen und Mitarbeiter …

Eine Reklamation schreiben und überarbeiten

d Verfasse die vollständige Reklamation als E-Mail. Nutze die Angaben aus Aufgabe 2 a und schreibe im Heft oder am Computer.

e Überprüfe mithilfe des Merkkastens, ob die Reklamation alle notwendigen Angaben enthält und ob sie höflich und sachlich formuliert ist. Überarbeite die Reklamation, falls nötig.

2 e Du kannst z. B. folgende Formulierungen benutzen.
Sehr geehrte Frau …,
Deshalb möchten wir gern wissen, … / möchten wir nachfragen, … / bitten wir Sie, zu prüfen, …
Eine rasche Lösung des Problems wäre für unsere … / Eine baldige Lieferung … wäre … sehr wichtig, damit …
Über eine baldige Antwort würden …

Sich um ein Praktikum bewerben

Einen Praktikumsplatz suchen

1 Was kannst du gut und was machst du gerne?

a Lies die Tätigkeiten in den drei Kästen und überlege, welche zu dir passen. Unterstreiche die Tätigkeiten, die dir liegen.

A

etwas bauen / mit Holz oder Metall arbeiten / schleifen, bohren, schrauben / etwas montieren / Gegenstände auseinandernehmen und wieder zusammensetzen / Dinge reparieren / mit Geräten oder Maschinen umgehen

B

mit Menschen umgehen / mit Kindern spielen und lernen / mit alten Leuten reden / pflegen, behandeln, betreuen / anderen zuhören / hilfsbereit sein / fürsorglich sein / Freude bringen / Beziehungen aufbauen / Menschen etwas beibringen

C

verkaufen und beraten / ordnen und sortieren / organisieren / mit Sprache umgehen / Aufträge ausführen / mit Menschen in Kontakt treten / recherchieren / Menschen überzeugen / rechnen und schreiben / am PC arbeiten / Probleme lösen

b Lies in folgenden Kästen, welche Berufe zu den unterschiedlichen Tätigkeiten A, B und C passen. Markiere die Berufe, die sich für dich interessant anhören.

A

Ein *handwerklich-technischer Beruf* könnte der richtige für dich sein, z. B.:
- Maurer/-in, Stuckateur/-in, Fliesenleger/-in, Maler/-in, Tischler/-in oder Zimmerer/Zimmerin,
- Elektriker/-in, Mechatroniker/-in, Anlagenmechaniker/-in oder Baugeräteführer/-in.

B

Ein *sozialer* oder ein *medizinischer Beruf* könnte der richtige für dich sein, z. B.:
- Erzieher/-in, Pflegekraft, medizinische/-r Fachangestellte/-er, Hebamme,
- Physiotherapeut/-in, Logopäde/Logopädin, medizinische/-r Bademeister/-in.

C

Ein *kaufmännischer Beruf* könnte der richtige für dich sein, z. B.:
- Einzelhandelskauffrau/-mann, Drogist/-in, Hotelkauffrau/-mann, Kauffrau/-mann für Freizeit und Tourismus, Bürokauffrau/-mann oder Übersetzer/-in.

Ein passendes Berufsfeld für ein Praktikum kann man auf verschiedene Weise finden, z. B.:
- Man befragt erwachsene Verwandte und Bekannte über ihre Berufe und Tätigkeiten und ihre Erfahrungen damit.

- Man nutzt Test-Angebote im Internet, die einem zeigen, welche Berufe passen könnten, z. B.: *Check-U* (https://www.arbeitsagentur.de/bildung/welche-ausbildung-welches-studium-passt).
- Man nutzt spezielle Informationsangebote im Internet zur Berufsorientierung, z. B.: *berufenet*, *azubiTV* oder *azubiyo*.

2 Informiere dich über einen Beruf, den du in einem Praktikum erkunden möchtest. Fülle dazu den Berufe-Steckbrief aus.

Berufsbezeichnung	
Duale oder schulische Ausbildung	
Ausbildungsdauer	
Tätigkeiten	
Arbeitsort	
Erforderlicher Schulabschluss	
Erforderliche Fähigkeiten	

3 Informiere dich, wo du ein Praktikum in deinem „Wunschberuf" machen könntest.

Tipp
https://www.arbeitsagentur.de/bildung/ausbildung/probiere-beruf-praktikum

a Nutze das Informationsangebot der Arbeitsagentur und notiere Informationen zu möglichen Praktikumsbetrieben. Übertrage dazu die Tabelle in dein Heft und ergänze sie.

Name des Betriebs	Anschrift	Telefon-nummer	Ansprech-partnerin/-partner	Bemerkung
…	…	…	…	…

b Suche selbst nach Geschäften, Betrieben und anderen Einrichtungen (Schulen, Kindergärten, Pflegeeinrichtungen, Krankenhäuser u. Ä.) in deiner Nähe. Recherchiere auf deren Websites und ergänze die Tabelle aus Aufgabe a.

Bewerbungen schreiben

> Zu den **Bewerbungsunterlagen** gehören ein **Bewerbungsschreiben** und ein **tabellarischer Lebenslauf.** Ob man weitere Unterlagen, wie zum Beispiel Zeugniskopien, einreichen soll, muss erfragt werden.
> Das **Bewerbungsschreiben** sollte Folgendes enthalten:
> Bewerbungssatz – Gründe für die Bewerbung – Vorstellung der eigenen Person – Bitte um ein persönliches Gespräch.

1 Verfasse ein Bewerbungsschreiben.

a Ergänze folgendes Bewerbungsschreiben. Fülle die Lücken passend zu deinem Praktikum oder Praktikumswunsch aus.

Bewerbung um einen Praktikumsplatz vom ________ bis zum ________

Sehr geehrte Frau ____________ / Sehr geehrter Herr ____________,

da mich die Arbeit einer/eines (Berufsbezeichnung) ____________________

sehr interessiert, möchte ich mich hiermit um ein Praktikum (in Ihrem Betrieb / in

Ihrer Firma / in Ihrer Einrichtung) ________________________________

bewerben. Bei dem Besuch (in einem Krankenhaus / in einer Schreinerei / in

einem Hotel / …) ___________________________ konnte ich einen ersten

Einblick in die Tätigkeiten dieses Berufes erhalten und würde gerne mehr

erfahren. Ich interessiere mich sehr für ______________________________.

In der Schule mag ich vor allem die Fächer _________________________.

Ich (kann gut mit Menschen umgehen / bin handwerklich sehr geschickt / bin

technisch interessiert / …) ____________________________________

und habe Freude daran, (anderen Menschen zu helfen / mich mit Kindern zu

beschäftigen / etwas herzustellen / …) ____________________________.

Zurzeit besuche ich die ___ Klasse der (Schulart und Ort) ________________

__________________________________, die ich im Sommer 20_____

mit dem Mittleren Bildungsabschluss beenden werde.

Da mir (Ihr Betrieb / Ihre Firma / Ihre Einrichtung) ____________________

von (der Schule / meinen Eltern / Bekannten / …) ____________________

empfohlen wurde, würde ich mich über eine positive Rückmeldung freuen. Gerne stelle ich mich Ihnen persönlich vor.

Mit freundlichen Grüßen

(deine Unterschrift)

b Schreibe jetzt dein eigenes Bewerbungsschreiben am Computer. Gestalte es wie einen offiziellen Brief. Wenn du bereits eine Vorlage gespeichert hast, öffne die gespeicherte Vorlage und passe sie an.

c Lies dein Bewerbungsschreiben gründlich und überarbeite es, wenn nötig. Achte besonders auf die korrekte Anschrift, die Anrede, das Datum und die Betreffzeile.

2 Schreibe deinen Lebenslauf am Computer.

Tipp
Speichere die veränderte Vorlage unter einem neuen Dateinamen.

a Nutze den folgenden tabellarischen Lebenslauf als Muster und ergänze deine Angaben. Wenn du schon einen Lebenslauf abgespeichert hast, öffne diesen, **überprüfe ihn** und passe ihn ggf. an.

Lebenslauf

persönliche Daten	
Name	Lina Weber
Adresse	Musterstraße 78, 99441 Mellingen
Telefon	(01 62) 2 08 36 40
E-Mail	lina.weber@beispiel.de
Geburtsdatum	12. März 2010
Familie	Vater: Alexander Bauer, Hotelkaufmann Mutter: Sylvia Weber, Frisörin
Schulbildung	
seit 08/2020	Friedrich-Schiller-Schule Weimar
08/2016–07/2020	Grundschule Mellingen
Kenntnisse	
Sprachen	Englisch (1. Fremdsprache, Schulnote 1) Spanisch (2. Fremdsprache, Schulnote 2)
IT-Kenntnisse	MS Word, Excel, PowerPoint (sehr gute Kenntnisse)
Hobbys und Interessen	
Volleyball	seit 2020 SV Eintracht Mellingen

b Überprüfe deinen Lebenslaufs mithilfe folgender Fragen und überarbeite ihn, falls nötig.

Stimmen alle Angaben zu meiner Person und zur Schulbildung noch?	☐
Habe ich evtl. neue Kenntnisse, Erfahrungen oder Interessen ergänzt?	☐
Passen die genannten Interessen und Stärken zu dem Beruf, in dem das Praktikum gemacht werden soll?	☐
Habe ich das Datum aktualisiert?	☐
Habe ich den Lebenslauf handschriftlich unterschrieben?	☐

Das Praktikum vorbereiten

Tipp
Wenn du ein Praktikum machst: Frage während des Praktikums nach und ergänze deine Notizen.

1 Informiere dich vor dem Praktikum genauer über den Betrieb bzw. die Einrichtung, in der / in dem du das Praktikum absolvieren möchtest.
Notiere dir Angaben zu diesem Praktikumsbetrieb in dein Heft. Orientiere dich an der Übersicht.

Name des Betriebes / der Einrichtung
genaue Bezeichnung

Branche/Wirtschaftszweig
z. B. Metall / Holz / Textil / Lebensmittel

Standort
Wo befindet sich der Betrieb / die Einrichtung? Gibt es weitere Standorte im Inland oder im Ausland?

Produkte/Leistungen
Was wird hergestellt? Welche Leistungen werden angeboten?

Anzahl der **Mitarbeiterinnen/Mitarbeiter,**
Anzahl der **Auszubildenden**

Bereiche, Abteilungen
Welche Arbeitsbereiche und Abteilungen gibt es?

Berufe, Beschäftigungen
Welche Berufe haben die Mitarbeiterinnen/Mitarbeiter? Welche Tätigkeiten werden ausgeführt?

Chefin bzw. Chef
Wer leitet den Betrieb / die Einrichtung?

Gründungsjahr
Seit wann gibt es den Betrieb / die Einrichtung?

Zukunftsaussichten/Perspektiven
Welche Pläne für die Zukunft des Betriebs / der Einrichtung gibt es?
Soll expandiert werden, will man sich vergrößern oder verkleinern?
Welche Chancen und Risiken bestehen für den Betrieb / die Einrichtung?

Praktikumsberichte schreiben

In einem **Praktikumsbericht** dokumentiert man Ziele, Aufgaben, Verlauf und Ergebnisse eines Praktikums. Folgende **Bestandteile** sollten in einem Praktikumsbericht mindestens enthalten sein:
- Deckblatt: Praktikumszeit, Schule, Name, Klasse, betreuende Fachlehrkraft Betrieb,
- Einleitung: Genaueres zum Praktikumsbetrieb und zur Praktikumszeit, Begründung der Wahl des Praktikumsplatzes,
- Hauptteil: Ziele, Aufgaben, Verlauf und Besonderheiten des Praktikums,
- Schluss: Ergebnisse und Gesamteinschätzung des Praktikums.

In einem **Tagesbericht** werden der **Ablauf** und die **Ergebnisse** eines Arbeitstages dokumentiert. Man berichtet möglichst genau, sachlich und chronologisch (in der richtigen zeitlichen Abfolge) sowie unter Verwendung von **Fachwortschatz.** Der Tagesbericht kann als Tabelle oder als zusammenhängender Text gestaltet sein.

1 Lies folgenden Tagesbericht zu einem Praktikum in einem Restaurant. Erstelle aus den Angaben einen tabellarischen Tagesbericht und schreibe ihn in dein Heft.

Mittwoch, 29.06.2022

Heute begann mein Arbeitstag erst um 11 Uhr, da für den Abend eine Feier mit etwa vierzig Gästen geplant war. Zunächst deckte ich die Tische für das Mittagessen: die Papierserviette und die Gabel links, das Messer rechts, den Suppenlöffel daneben. Danach erklärte mir der Restaurant-Chef, welche Tagesgerichte ich heute anbieten sollte. Um 12 Uhr kamen die ersten Gäste. Ich begrüßte sie, begleitete sie zu einem passenden Tisch und fragte nach ihren Getränkewünschen. Nachdem alle mit Getränken versorgt waren, nahm ich die Bestellung für das Essen auf. Ich durfte dem Oberkellner helfen, die Speisen zu servieren. Gegen 14 Uhr waren alle Gäste gegangen und ich räumte die Tische ab. Um 14:30 Uhr hatte ich Pause und der Koch brachte mir etwas zu essen. Um 15 Uhr half ich in der Küche bei den Vorbereitungen für das Abendessen: Ich schnitt Gemüse und wusch Salat. Um 16 Uhr wurde ich in den Speisesaal gerufen. Ich lernte, Stoffservietten wie ein Segelschiff zu falten. Um 16:30 Uhr deckte ich die lange Tafel für die Feier. Wieder war ich für das Besteck zuständig. Außerdem stellte ich Wasser- und Weingläser zu jedem Gedeck. Ich benutzte eine Serviette und kontrollierte jedes Glas auf Sauberkeit. Kurz darauf, gegen 17:30 Uhr, kam die Gastgeberin und ich half ihr, Blumen und Tischkarten zu verteilen. Als um 18 Uhr die ersten Gäste eintrafen, reichte ich allen ein Glas Sekt oder Saft auf einem Tablett. Ich durfte noch eine Stunde beim Servieren helfen, dann war mein Arbeitstag zu Ende. Um 19 Uhr verließ ich das Restaurant und ging nach Hause.

●●● **2** Stell dir vor, du hast das Praktikum aus Aufgabe 1 abgeschlossen.

a Denke dir fehlende Angaben aus und entwirf einen Abschlussbericht. Orientiere dich am Merkkasten.

b Überarbeite deinen Bericht und erstelle die Endfassung. Achte besonders auf sprachliche Mittel der Satzverknüpfung.

Kriminalgeschichten erschließen

Die Handlung einer Erzählung erschließen

In **Kriminalgeschichten** wird von Verbrechen und deren Verfolgung und Aufklärung erzählt. Oft steht bis zum Schluss nicht fest, wer schuldig ist, damit man miträtseln und mitsuchen kann. Verzögerungen, falsche Zeugenaussagen oder irreführende Spuren sorgen für Spannung.
Eine Sonderform der Kriminalliteratur ist die **Detektivgeschichte**, wo weniger die Tat als vielmehr deren Aufdeckung durch hartnäckige Ermittlerinnen oder Ermittler im Mittelpunkt steht. Beim Lesen begleitet man den Detektiv oder die Detektivin bei der Lösung ihrer Fälle.

1 Folgende Geschichte spielt in der Stadt Stuttgart.

a Lies die Geschichte. Versuche die schwäbischen Dialektwörter aus dem Zusammenhang zu erschließen. Einige sind in der Randspalte erklärt.

Felix Huby

Kurz vor dem Essen

Der Großeinsatz war seit Wochen vorbereitet gewesen. Jetzt lauerten gut 380 Polizisten überall in der Stadt, strategisch günstig verteilt, Anwärter, Inspektoren, Kommissare in Zivil, merklich um Unauffälligkeit bemüht, auf die mutmaßlichen Täter. Ihre uniformierten Kollegen fieberten, versteckt in zivilen Autos, eingepfercht in Mannschaftswagen oder auf kleinen Polizeiwachen, dem Einsatz entgegen.
Ernst Bienzle, Hauptkommissar und am Einsatz nicht beteiligt, saß im Hof von Paolos Trattoria, die Beine weit von sich gestreckt, die Daumen in den Hosenbund eingehakt, vor sich einen sardischen* Weißwein und eine Platte mit angedünstetem Gemüse, das eindringlich nach Knoblauch roch.
Am Nachbartisch wurde diskutiert: „Der muss doch hirnrissig sein, dass er jedes Mal genau gleich vorgeht", sagte ein junger Mann. Ein anderer meinte: „Einer allein schafft das nie – da wartet ein zweiter Mann vor der Bank im Auto mit laufendem Motor …" –
„Man hat aber nie ein Fluchtfahrzeug gesehen." Paolo brachte eine neue Karaffe Wein und blinzelte Bienzle verschwörerisch zu. „Lauter Kollegen von dir. Stammtischpolizisten! Bei uns in Sardinien wär' jeder Mann auf der Seite der Bankräuber."
„Du bischt* hier in Heslach. Übrigens, wenn's knallt, zieh's G'nick ein. 's wär schad um deinen Charakterkopf", sagte Bienzle. „Aber der Bankräuber hat doch noch nie scharf geschossen." „Ja, der nicht …", Bienzle nippte an seinem Glas. Modus operandi nannte man das in der Fachsprache, wenn der Täter immer nach dem gleichen Prinzip vorging. Sechsmal hatte er nun schon zugeschlagen. Sechs Filialen der größten Bank am Ort hatte er dabei heimgesucht. Meistens kurz vor Geschäftsschluss. Jedes Mal war nur noch ein Kunde da gewesen. Den hatte er dann als Geisel genommen. Er verlangte das Geld, das in der Tageskasse war, ließ es in eine Plastiktüte füllen, schoss drei oder vier Tränengaspistolen ziellos in den Raum und ging ohne Eile wieder hinaus.
Bienzle interessierte sich schon lange für den Mann. Glaubte man allen Zeugen, dann war er zwischen 1,60 und 1,95 Meter groß, hager, untersetzt, bullig, elegant.

* sardisch: aus Sardinien stammend

* bischt = bist

Er sprach mit schwäbischem, italienischem und jugoslawischem Akzent, zog ein Bein nach und bewegte sich sportlich, ohne jegliche Behinderung. Nur in einem waren sich alle Zeugen und Ermittler einig: Nach Verlassen der Bankfilialen hatte sich der Räuber jeweils in Luft aufgelöst. Ernst Bienzle hatte sich die Akten ausgeliehen und alles gelesen, was über das „Phantom", wie der Mann bereits in der Presse genannt wurde, bisher ermittelt worden war. Fest stand lediglich, dass er die Bankfilialen jeweils am letzten Donnerstag des Monats, kurz vor 18 Uhr überfallen hatte. Bienzle hatte die Filialen nacheinander aufgesucht – nicht offiziell, nicht als Polizist, vielmehr als Kunde oder nur so als Passant. Ihm war etwas aufgefallen, was offensichtlich keiner seiner Kollegen registriert hatte. Und deshalb saß er jetzt bei Paolo, was im Übrigen nichts Außergewöhnliches war. Er war oft hier am Bihlplatz, überzeugt davon, dass bei Paolo die nettesten Menschen von Stuttgart verkehrten, und wohl wissend, wie subjektiv dieses Urteil war.

Insgesamt hatte der Bankräuber bei seinen sechs „Einsätzen" 324 000 Mark erbeutet. Eigentlich gab es für ihn keinen Grund, es ein siebtes Mal zu versuchen. Er musste ja auch wissen, dass heute – am letzten Donnerstag im Juni, kurz vor 18 Uhr – alle Filialen der größten Stuttgarter Bank von starken Polizeikräften überwacht wurden.

„Wenn er bei seinem System bleibt", sagte der Junge am Nachbartisch, müsste er heut wieder zuschlagen." – „Also ich hätt' die Nerven nicht", meinte der andere. Man könnt' grad meinen, er legt's darauf an, dass ihn die Polizei erwischt." – [...] Bienzle musste unwillkürlich lächeln. An einem anderen Nachbartisch, dicht bei der Treppe, die zum Lokal hinaufführte, saß ein junger Mann alleine. Er las in einem Buch und machte sich Notizen. Zwischendurch sah er immer wieder auf die Uhr, als ob er jemanden erwartete.

Zuerst hatte der Bankräuber in Kaltental zugeschlagen, direkt an der Kaltentaler Abfahrt, wo es über einen steilen Stich zur Engelboldtstraße hinaufgeht. Dann in Degerloch an der Felix-Dahn-Straße, dann beim Bad Berg. Bienzle hatte die Filialen alle abgeklappert, und zwar immer donnerstags kurz vor Kassenschluss, und war dann anschließend gleich in der Nähe essen gegangen. Ermittlungen hatten ihn schon immer hungrig gemacht. Auch eine Reihe nicht betroffener Filialen hatte er donnerstags zwischen fünf und sechs Uhr besucht und auch dort fand sich zu seinem Glück meistens in der Nähe ein Lokal.

Der junge Mann an der Treppe stand auf und trat an Bienzles Tisch. „Könnten Sie einen Augenblick auf meine Sachen aufpassen?" Bienzle hob den Kopf und sah dem jungen Mann ins Gesicht. Es war schmal und schlecht rasiert. Auf den Backen blühten Pickel. Bienzle schätzte ihn auf zwanzig, höchstens zweiundzwanzig. Er trug Jeans und ein T-Shirt mit der Aufschrift „University of Columbia". „Gern", sagte Bienzle, „bei mir sind Ihre Sachen gut aufg'hobe." – „Hab ich mir denkt. Sie sehet so aus", sagte der Junge und verließ den Hof der Trattoria. Bienzle sah auf die Uhr. Es war fünf Minuten vor sechs. Der Kommissar stand auf und machte ein paar Schritte auf die Straße hinaus, sodass er zu der kleinen Bankfiliale hinüberschauen konnte. Vor der Tür zur Bank kramte der Junge etwas aus der Tasche, was wie eine Plastiktüte aussah. Bienzle zog die Luft durch die Zähne. Paolo trat neben ihn. „Wonach schaust du denn?" – „Hoffentlich dreht er um!", sagte Bienzle. Der junge Mann stieß die Glastür auf und verschwand in der Bank. Paolo begriff plötzlich.

„Sag mal, und du lässt den da so einfach reingehen?"- „Er macht's immer nur, wenn bloß noch ein Kunde im Schalterraum ist. Scheint's sind no mehr Leut da, außer meiner Kollegin", sagte Bienzle. „Und du, was machst du dabei?" – „I steh da und wart'."

Der junge Mann kam ohne Anzeichen von Hast aus der Bankfiliale heraus. Er wurstelte die zusammengeknüllte Plastiktüte in die Hosentasche. „Sehr vernünftig", sagte Bienzle. Dann wandte er sich an Paolo: „Kennst du den Mann?" Paolo antwortete ausweichend. „Er kommt noch nicht so lange zu mir." Bienzle nickte. Der Mann kam über den Bihlplatz zurück. Sie hatten das Plätzle in den letzten Jahren „verkehrsberuhigt", wie das in der Amtssprache hieß. Kugellampen, mit dem Lineal gezogene Rabatten und Pflasterfelder machten aber noch lange keine Piazza draus. Bienzle setzte sich an den Tisch neben der Treppe.[...] Der Junge ließ sich auf seinen Stuhl fallen. „War nix!", sagte Bienzle. – „Bitte?" – „Sind Se froh, die Frau, die drin war, war sowieso a Polizistin, Hertha Hemler heißt se und kann Karate." Der junge Mann starrte Bienzle an. „Sind Se froh", sagte der Kommissar noch mal. „Die hättet womöglich gleich g'schosse, die zwei Beamte, die direkt nach Ihne nei* sind, plump, dackelhaft ond dilettantisch. Die sind heut schneller mit der Dienstwaffe bei der Hand als früher." – „Aber ..." – „Habet Sie scho gesse*?", fragte Bienzle. „Nein, aber ..." – [...]
„So einfach ischt* des! Jede Bankfiliale, die Sie überfallen haben, liegt keine fünfzig Schritt von einer Kneipe entfernt. Es sind lauter beliebte Kneipen. Und jedes Mal habet Sie's g'macht wie heut, [...]". Im gleichen Augenblick brachte Paolo eine Portion Lasagne. Bienzle lachte. „Ach so, Sie bestellen z'erscht*, dann gehet Se rüber, holet des Geld und bis Sie z'rückkommet, isch's Esse fertig. Also aus Ihne hätt' was werde könne!" – „Wie sind Sie bloß darauf gekommen, dass ich heut hier ...?" – „Des war net schwer. Nirgendwo sonst gibt's a Lokal so nah bei einer Bankfiliale – die andere habet Sie ja scho... wie sagt mr*... – heimgesucht!"
Der Alarm war längst abgeblasen, alle Posten zurückgezogen und im Polizeipräsidium herrschte eine gewisse Ratlosigkeit, als Bienzle mit dem jungen Mann auf der Wache an der Karl-Kloß-Straße erschien. Er hatte nicht einmal Handschellen gebraucht.

* nei = hinein
* scho gesse = schon gegessen
* ischt - ist
* z'erscht = zuerst
* mr = man

Tipp
Nimm ggf. den Merkkasten auf S. 24 zu Hilfe.

b Überlege, ob es sich bei dem Text um eine Kriminalgeschichte oder um eine Detektivgeschichte handelt. Begründe deine Entscheidung.

____

____

Das sichtbare Geschehen in einem erzählenden Text nennt man **äußere Handlung**. Hier wird erzählt, wie Figuren handeln und sprechen. Um einen erzählenden Text zu erschließen, untersucht man die Handlung. Dazu beantwortet man folgende Fragestellungen:
Wann und **wo** spielt die Handlung?
Wer sind die handelnden Figuren?
Welches Problem müssen sie lösen?
Wie lösen sie dieses Problem?

2 Untersuche die Handlung im Text von Aufgabe 1 (S. 24–26). Lies den Text noch einmal und beantworte folgende W-Fragen.

Wo spielt diese Geschichte?

____

Wer sind die beiden Hauptfiguren?

____

Was möchte Bienzle herausfinden?

____

Wie löst er den Fall?
Übertrage die Tabelle in dein Heft und ergänze Bienzles Beobachtungen und seine Schlussfolgerungen.

Beobachtungen	Schlussfolgerungen
– *immer am letzten Donnerstag des Monats, kurz vor 18 Uhr* – …	– *heute wieder* – …

Tipp
Man unterscheidet zwischen Er-/Sie-Form und Ich-Form.

3 Untersuche die Erzählperspektive. Notiere, in welcher Form erzählt wird, und überlege, wer erzählen könnte. Begründe deine Meinungen.

____

____

____

4 Untersuche die Sprache der Geschichte in Aufgabe 1 (S. 24–26).

a Markiere im Text anschauliche Adjektive und Verben. Formuliere in einem Satz, welche Wirkung davon ausgeht.

____

____

b Die Figuren sprechen teilweise schwäbischen Dialekt. Beschreibe, welche Wirkung dadurch erzielt wird.

____

5 Untersuche die Mittel der Zeitgestaltung im Text von Aufgabe 1. Finde Beispiele für folgende Gestaltungsmittel. Notiere jeweils die Zeilen.

Zeitdehnung: ____

Zeitraffung: ____

Rückblende: ____

Vorausdeutung: ____

Figuren charakterisieren

Literarische Figuren werden charakterisiert, damit andere sich eine Vorstellung von ihnen machen. Um das Aussehen einer Figur zu beschreiben, benennt man ihre **äußeren Merkmale** (Gesamterscheinung, Einzelheiten, Besonderheiten) möglichst genau und anschaulich. Um eine Figur zu **charakterisieren**, stellt man neben der Beschreibung auch deren Lebensumstände, Gedanken, Gefühle, Verhaltensweisen und ihr Verhältnis zu anderen dar. Diese **inneren Merkmale** machen den Charakter der Figur deutlich.

Eine literarische Figur untersuchen

1 Der Stuttgarter Kriminalkommissar Ernst Bienzle aus dem Text von Aufgabe 1 (S. 24–26) ist ein Ermittler der besonderen Art.

a Untersuche zunächst die äußeren Merkmale der Figur. Lies im Text nach, welche Hinweise es auf sein Aussehen gibt. Notiere deine Ergebnisse.

____

Tipp
Denke z. B. an Größe, Körperstatur, Haarfarbe, Kleidung.

b Stell dir vor, du suchst einen Schauspieler für die Rolle des Kommissars. Notiere stichpunktartig, wie die Figur deiner Meinung nach aussehen sollte.

____

____

c Die Bienzle-Krimis wurden für das Fernsehen verfilmt. Recherchiere Fotos zum „Fernseh-Bienzle" und vergleiche mit deinen Vorstellungen. Passt der Fernsehkommissar deiner Meinung nach zur Hauptfigur des Textes? Begründe deine Meinung.

____

____

2 Untersuche jetzt die inneren Merkmale der Hauptfigur im Text von Aufgabe 1 (S. 24–26).

Tipp
Ironie: Man meint etwas anderes, als man sagt. Feiner, verdeckter Spott.

a Im Denken und Sprechen des Detektivs finden sich Witz und Ironie. Suche solche witzigen bzw. ironischen Textstellen. Notiere jeweils die Zeilen.

Z. bis Z. , ______________________________

b Formuliere mithilfe von Adjektiven, was diese Sprechweise deiner Meinung nach über den Detektiv aussagt.

Der Detektiv wirkt: ______________________________

2b Du kannst aus folgenden Adjektiven auswählen.
aufmerksam / ruhig / gelassen / selbstsicher / still / nervös / ehrlich / klug / professionell / arrogant / hochintelligent / ehrgeizig / aufmerksam

c Suche weitere Textstellen, die Einblicke in Ernst Bienzles Charakter geben. Nenne drei Charaktereigenschaften und belege sie mit Textbeispielen.

1 Er ist ruhig und entspannt. In den Zeilen 5 bis 8 wird beschrieben, wie

2

3

3 Untersuche nun die Figur des Diebes im Text von Aufgabe 1 (S. 24–26).

a Das Äußere des Diebes wird von Ernst Bienzle selbst wahrgenommen. Zitiere die Textstelle wörtlich mit Zeilenangabe.

b Erläutere Bienzles Aussage: „Also aus Ihne hätt' was werde könne!" (Zeile 100–101)

Damit meint Bienzle,

c Im Text finden sich weitere Hinweise auf den Charakter des jungen Mannes. Suche auch diese Textstellen und notiere die Zeilen. Stelle jeweils Vermutungen zu seinem Charakter an. Übertrage die Tabelle in dein Heft.

Textstelle	mögliche Charaktereigenschaften
Z. ... *...*	

Tipp
Orientiere dich am Merkkasten, S. 28.

4 Wähle eine der beiden Figuren aus: Kommissar Bienzle oder den Bankräuber. Verfasse eine Charakterisierung der Figur. Schreibe in dein Heft.

Inhaltsangaben zu literarischen Texten verfassen

In einer **Inhaltsangabe** gibt man in möglichst sachlicher und knapper Form den wesentlichen Inhalt eines Textes wieder. Immer sollte man berücksichtigen, **für wen** und **warum** die Inhaltsangabe verfasst wird.
Inhaltsangaben werden in der Regel im **Präsens** geschrieben und enthalten folgende **Bestandteile**:
- Einleitung: Autorin/Autor, Textsorte, Titel, ggf. Erscheinungsjahr, Quelle, Thema,
- Hauptteil: knappe Darstellung der Figuren, Handlungsorte und Zeiten, des zentralen Themas oder Problems und der wichtigsten Handlungsschritte,
- Schluss: Besonderheiten des Textes (z. B. offene Fragen, Lehre, Bezug zur Überschrift, Überleitung zum eigenen Thema oder Anliegen).

Folgende **sprachliche Besonderheiten sollte man** beachten:
- den Inhalt mit eigenen Worten wiedergeben (in der Regel ohne Zitate),
- knappe, sachliche Sprache verwenden, meist ohne eigene Gefühle,
- direkte Rede in indirekte Rede umwandeln,
- im Präsens oder Perfekt (Vorzeitigkeit) schreiben.

Eine Inhaltsangabe schreiben

Tipp
Nutze deine Ergebnisse aus den Aufgaben 1 und 2 (S. 24–26) sowie 2 und 3 (S. 28–29).

1 Stell dir vor, du sollst in der Klasse die Kriminalgeschichte aus Aufgabe 1 (S. 24–26) kurz vorstellen. Schreibe dafür eine Inhaltsangabe.

a Lies die Geschichte noch einmal. Notiere alle wichtigen Figureninformationen und Handlungsschritte in dein Heft.

Figuren:

Handlungsschritte:

b Schreibe einen Entwurf deiner Inhaltsangabe ins Heft. Orientiere dich am Merkkasten oben.

c Überarbeite deine Inhaltsangabe mithilfe der Checkliste und schreibe die Endfassung in dein Heft.

Checkliste: Die Inhaltsangabe überarbeiten	
Enthält meine Einleitung Autor/Autorin, Titel, Thema, Textsorte?	☐
Informiert mein Hauptteil über die wichtigsten *W*-Fragen? (Wer? Was? Wo? Wann? Wie? Warum?)	☐
Habe ich das Präsens verwendet?	☐
Habe ich den Inhalt knapp und sachlich wiedergegeben?	☐
Sind die Sätze sinnvoll und abwechslungsreich verknüpft?	☐
Ist der Satzbau korrekt?	☐
Ist der Text fehlerfrei (Rechtschreibung, Zeichensetzung)?	☐

Kurzgeschichten erschließen

> Als **Kurzgeschichten** bezeichnet man (in Anlehnung an die amerikanischen *Short Stories*) kurze und prägnante Erzählungen mit folgenden typischen **Merkmalen**:
> - Es werden einzelne alltägliche Ereignisse oder Erlebnisse beleuchtet,
> - es treten wenige Figuren auf,
> - die Geschichte beginnt oft unvermittelt,
> - das Ende ist meist offen, mitunter überraschend,
> - die Handlungszeit ist begrenzt (meist nur wenige Stunden oder Tage),
> - die Handlungsorte sind begrenzt (oft nur einer),
> - es wird eine knappe, alltägliche Sprache verwendet, häufig mit Andeutungen und Metaphern.

1 Der folgende Text ist eine Kurzgeschichte.

a Lies die Geschichte.

Peter Weiss

Berlin, im Juli [1947]

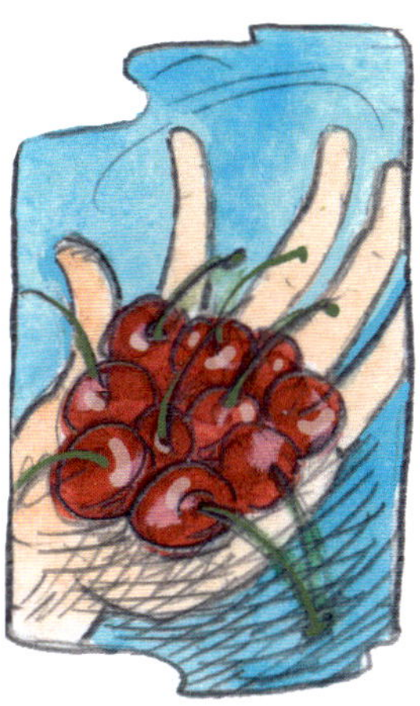

[...]

Wir fahren mit der Berliner S-Bahn. Neben mir sitzt ein Arbeiter und vor mir ein junges Mädchen, das ab und zu verstohlen in seine Tasche langt und eine Kirsche in den Mund schmuggelt. Die Glückliche! Wir beobachten sie voller Neid. Sie bemerkt, dass wir auf sie aufmerksam sind, und wird rot. Alle lachen aus Verlegenheit. Noch einmal gibt sie der Versuchung nach, zieht eine Kirsche heraus. Dann sitzt sie hilflos und unruhig da. Als wir halten, steckt sie plötzlich die Hand in die Tasche und hält mir und meinem Nachbarn eine Handvoll Kirschen entgegen, steht auf und steigt schnell aus. Dankbar lassen wir uns die frischen, saftigen Früchte schmecken. Mein Blick fällt auf einen kleinen Jungen, der mit hungrigen Augen neben mir steht. Und ich, ich habe nur eine einzige Kirsche übrig! Die bekommt er. Schnell will er sie sich in den Mund stopfen, doch seine Mutter ruft: Teil dir das mit deiner Schwester! Die Hälfte beißt er ab, nimmt auch den Kern und lutscht daran, die andere Hälfte bekommt seine kleine Schwester. Ich hätte diese eine Kirsche nicht übrig lassen dürfen. Der Geschmack einer halben Kirsche bleibt im Mund wie Fäulnis.

b Notiere, welche Stimmung für dich von dem Text ausgeht. Nutze gegebenenfalls die Wortliste.

> **Wortliste**
> bedrückend /
> irritierend /
> verwirrend /
> traurig /
> hoffnungslos /

Die Kurzgeschichte wirkt auf mich ______________________

Eine Kurzgeschichte untersuchen

2 Untersuche die Geschichte aus Aufgabe 1 genauer.

a Lies die Geschichte noch einmal. Untersuche den Handlungsort und die Handlungszeit. Stelle gegebenenfalls Vermutungen an und begründe.

Handlungsort: ______________________________

Handlungsdauer: ______________________________

Handlungszeit: ______________________________

Begründungen: ______________________________

____

____

Tipp
Mögliche Erzählperspektiven:
Ich-Erzählerin / -Erzähler,
Sie-Erzählerin oder
Er-Erzähler

b Untersuche die Erzählperspektive. Notiere, aus wessen Sicht erzählt wird.

____

c Untersuche die Figuren und den Handlungsverlauf. Trage in die linke Spalte der Tabelle die Figuren ein, ergänze in der rechten Spalte, was du im Text über sie erfährst.

Figur	Handeln und Verhalten dieser Figur
Erzähler/ Erzählerin	
junges Mädchen	

d Notiere in deinem Heft, wie du dir die einzelnen Figuren vorstellst, und begründe deine Vorstellungen.

Erzählerin / Erzähler: ... (Begründung: ...)

...

e Überlege, warum die Erzählerin bzw. der Erzähler am Ende sagt: „Ich hätte diese eine Kirsche nicht übrig lassen dürfen." (Z. 15) Notiere deine Vermutungen.

f In Kurzgeschichten wird meist ein Ereignis aus dem Alltag beschrieben. Trifft dies hier zu? Begründe deine Meinung.

g Untersuche die Sprache der Kurzgeschichte. Notiere Beispiele für Wörter und Wendungen, die eine besondere Wirkung erzielen.

Adjektive: *verstohlen,*

Substantive: *Versuchung,*

Verben: *beobachten,*

sprachliche Wendungen: *hungrige Augen,*

Tipp
Achte z. B. auf die Satzlänge, die Satzarten und die Verständlichkeit der Sätze.

h Untersuche Satzbau und Zeichensetzung. Notiere deine Ergebnisse stichpunktartig.

___

___

___

Tipp
Nutze deine Ergebnisse aus den Aufgaben 1 und 2 (S. 31–33).

3 Belege mithilfe des Merkkastens (S. 31), dass es sich bei dem Text von Peter Weiss (Aufgabe 1, S. 31) um eine Kurzgeschichte handelt. Schreibe ins Heft.

Eine weitere Kurzgeschichte untersuchen

4 Untersuche eine weitere Kurzgeschichte.

a Lies die folgende Kurzgeschichte.

Irmela Brender

Eine

Eine drehte sich um nach ihm, als alle anderen die Köpfe schon wieder über die Bücher beugten. Er nahm das den anderen nicht übel, er wusste, ein Neuer in der Klasse ist nicht so interessant, dass man ihn die ganze Stunde hindurch anstarren könnte, schließlich ging der Unterricht weiter, und er musste eben dasitzen und sich eingewöhnen.

Aber die eine im blauen Kleid sah immer wieder hin zu ihm, nicht neugierig, noch nicht einmal lächelnd.

Das Profil, das sie ihm zeigte, manchmal auch noch ein bisschen Wangenfläche dazu, war ernst und aufmerksam, als habe sie über ihn nachzudenken. Das halbe Klassenzimmer lag zwischen ihnen, und er konnte ihre Augenfarbe nicht erkennen. Braun, schätzte er, und ein paar Sommersprossen auf der Nase, und das ganze Gesicht ein bisschen zu mager. Die gehört nicht zu den Niedlichen, dachte er, die sich um einen Neuen kümmern, weil das so gut passt zu ihrer Niedlichkeit und weil sie dann noch einen haben, der sie nett findet. Die gehört vielleicht noch nicht mal zu den Netten.

Eine Struppige ist das, überlegte er, eine, die kicken kann, fast wie ein Junge, und plötzlich wegläuft, wenn man glaubt, sie sei ein Kumpel. Eine, die nicht mit Freundinnen kichert und tuschelt, sondern viel allein herumläuft, nicht spazieren geht, sondern eben herumläuft, und die allerhand kennt in der Stadt. Eine, von der man manches erfahren kann, aber nicht unbedingt das, was zählt.

Es fiel ihm ein, dass er sich irren könnte, aber er glaubte es nicht. Ich werde ihr ein Zeichen geben, sagte er sich, und wenn sie reagiert, dann habe ich mich nicht geirrt. Dann ist sie eine, die ich mögen könnte, zumindest mögen.

Als sie sich wieder umsah, lächelte er. Da stand sie auf und brachte ihm ihr Buch. Fast unfreundlich legte sie es vor ihn auf den Tisch; er sah dabei, dass sie magere Finger hatte mit ganz kurzen Nägeln, das passte auch.

„Danke, ich geb's dir nachher wieder", sagte er schnell, bevor sie etwas sagen konnte. Sie nickte und ging zurück an ihren Platz.

Alle beugten die Köpfe über die Bücher, er auch. Aber er gab acht, dass er den Augenblick nicht verpasste, in dem sie sich noch einmal nach ihm umschaute und beinah lächelte.

3 Du kannst z. B. so beginnen.
Bei dem Text „Berlin, im Juli [1947]" handelt es sich um eine Kurzgeschichte, weil …

b Welche Gedanken und Gefühle hast du nach dem Lesen dieser Geschichte? Beschreibe deinen ersten Eindruck.

____

____

5 Untersuche die Kurzgeschichte genauer.

a Untersuche die Erzählperspektive. Aus wessen Sicht wird erzählt?

____

Tipp
Lies auch die Merkkästen auf den Seiten 26 und 28 nach.

b Untersuche die äußere Handlung der Geschichte. Orientiere dich am Vorgehen in den Aufgaben 2 a und c (S. 32) und markiere Stellen im Text, die die äußere Handlung beschreiben.

c Untersuche die Figuren. Markiere mit einer zweiten Farbe Textstellen, die etwas über die äußeren und inneren Merkmale der beiden Figuren aussagen.

d Wird im Text mehr äußere Handlung beschrieben oder erfährt man mehr über das Innere der Figuren? Belege deine Einschätzung anhand einer Textstelle.

____

____

____

e Wie stellst du dir die Figuren vor? Formuliere Vermutungen zu deren Charakter. Begründe deine Vermutungen.

Mädchen: ____

____

Junge: ____

____

Tipp
Du kannst untersuchen: Wiederholungen, aussagekräftige Verben, Umgangssprache.

f Untersuche die Sprache der Kurzgeschichte. Übernimm folgende Tabelle in dein Heft und ergänze sie.

Sprachliche Besonderheiten	Beispiele	mögliche Wirkung
lange Sätze, oft Satzgefüge	„Er nahm das den anderen nicht übel, […] und sich eingewöhnen.“ (Z. 2–5)	wirken wie der fließende Gedankenstrom des Jungen
nominalisierte Adjektive	…	…

Tipp
Lies noch mal den Merkkasten auf S. 31.

6 Belege, dass es sich bei Irmela Brenders Text „Eine“ (Aufgabe 5, S. 34) tatsächlich um eine Kurzgeschichte handelt. Schreibe ins Heft.

Gedichte aus verschiedenen Epochen erschließen

Gedichte zeichnen sich durch eine besondere Gestaltung von Inhalt, Sprache und Form aus. In einer Gedichtanalyse muss man diese untersuchen und darstellen. Lyrische Texte weisen innerhalb einer **Literaturepoche** oft ähnliche Themen auf. Ebenso zeigen sich Gemeinsamkeiten in Sprache und formaler Gestaltung.
In der **Epoche des Barock** (um 1600–1720) wurden aufgrund der vielen Kriege und tödlichen Krankheiten meist Gegensätze wie Leben und Tod oder Schönheit und Vergänglichkeit thematisiert. Die Dichter verwendeten oft eine sehr bildhafte, ausdrucksstarke Sprache.
In der **Epoche des Expressionismus** (um 1905–1925) waren zentrale Themen u.a. Industrialisierung, Krieg, Großstadt und Einsamkeit. Auffällig ist eine ausdrucksstarke und experimentierfreudige Sprache, so wurden z. B. oft Metaphern, Personifikationen, Zeilensprünge sowie Wortneuschöpfungen als Stilmittel verwendet.

Ein Gedicht untersuchen

1 Untersuche das folgende Gedicht der Epoche *Expressionismus*.

a Lies das Gedicht oder lass es dir vorlesen.

Paul Boldt (1885–1921)

Auf der Terrasse des Café Josty

Der Potsdamer Platz in ewigem Gebrüll
Vergletschert alle hallenden Lawinen
Der Straßentrakte: Trams auf Eisenschienen,
Automobile und den Menschenmüll.

Die Menschen rinnen über den Asphalt,
Ameisenemsig, wie Eidechsen flink.
Stirne und Hände, von Gedanken blink,
Schwimmen wie Sonnenlicht durch dunklen Wald.

Nachtregen hüllt den Platz in eine Höhle,
Wo Fledermäuse, weiß, mit Flügeln schlagen
Und lila Quallen liegen – bunte Öle;

Die mehren sich, zerschnitten von den Wagen. –
Aufspritzt Berlin, des Tages glitzernd Nest,
Vom Rauch der Nacht wie Eiter einer Pest.

(Erstveröffentlichung 1912)

b Welche Gedanken und Gefühle hast du nach dem Lesen des Gedichts?

___

___

___

___

c Passt die Illustration deiner Meinung nach zum Gedicht? Begründe deine Meinung stichpunktartig.

____

____

____

d Lies das Gedicht noch einmal und überlege, was man über das lyrische Ich erfährt. In welcher Stimmung ist es? Welche Haltungen kommen zum Ausdruck? Notiere deine Gedanken und belege sie durch Textstellen.

Stimmung des lyrischen Ich (mit Textstellen): ______________________________

____

____

Haltung/Einstellung des lyrischen Ich (mit Textstellen): ______________________________

____

____

____

Tipp
Achte z. B. auf: Personifikation, Metapher, Wortwahl, Zeilensprung, Vergleich, Gegensatz.

e Untersuche die sprachliche Gestaltung des Gedichts genauer. Übertrage die Tabelle in dein Heft und ergänze sie.

Strophe	sprachliche Mittel	Aussage
1	*-„in ewigem Gebrüll" (Vers 1): Personifikation, Metapher* *-„den Menschenmüll" (Vers 4): neues Substantiv (Neologismus) …*	*Großstadtleben ist geprägt von Lärm, Verkehr und sehr vielen Menschen* *…*
2 …	*…*	*…*

Tipp
Lies noch einmal im Merkkasten auf S. 36 nach.

f Welche Themen werden im Gedicht aufgegriffen? Notiere dazu ganze Sätze.

____

____

____

Tipp
Lies noch einmal im Merkkasten auf Seite 36 nach.

g Weise nach, dass es sich um ein typisches Gedicht des Expressionismus handelt. Schreibe in dein Heft.

h Das Café Josty gab es tatsächlich. Informiere dich im Internet über die Geschichte dieses Cafés und notiere wichtige Angaben. Stelle z. B. folgende Fragen:

Wann war das Café Josty am Potsdamer Platz?
Welchen Bezug gab es zur Kunst des Expressionismus?

____

____

____

____

Ein weiteres Gedicht untersuchen

2 Untersuche das folgende Gedicht, das zur Epoche des Barock gehört.

a Lies das Gedicht oder lass es dir vorlesen.

Martin Opitz (1597–1639)

Kompt last vns außspatzieren /
Zu hören durch den Wald
Die Vögel musiciren /
Das Berg vnd Thal erschallt.

Wol dem der frey kan singen /
Wie jhr / jhr Volck der Lufft;
Mag seine Stimme schwingen
Zu der auff die er hofft.

Ich werde nicht erhöret /
Schrey ich gleich ohne Rhu;
Die so mich singen lehret
Stopfft selbst die Ohren zu.

Mehr wol dem der frey lebet /
Wie du / du leichte Schar /
In Trost vnd Angst nicht schwebet /
Ist ausser der Gefahr.

Jhr werdet zwar vmbgangen* /
Doch helt man euch in werth*;
Ich bin von der gefangen
Die meiner nicht begehrt.

Jhr könnt noch Mittel finden /
Entfliehen auß der Pein*;
Sie muß noch mehr mich binden /
Soll ich erlöset sein.

* *vmbgangen*: man stellt euch nach

* *helt man euch in werth*: man schätzt/achtet euch

* *die Pein*: der Schmerz, die Qual

Wortliste
munter, traurig, ängstlich, auffordernd, bedrückend, verzweifelt, glücklich, sehnsuchtsvoll

b Beschreibe mithilfe von Adjektiven, welche Grundstimmung für dich von dem Gedicht ausgeht. Schreibe deine Antwort in ganzen Sätzen.

____

____

____

c Notiere stichpunktartig deine Gedanken und Fragen zum Gedicht.

___

___

___

d Der Dichter nutzt einige sprachliche Bilder. Schreibe zwei heraus und erkläre ihre Bedeutung.

___

___

e Markiere im Gedicht weitere besonders ausdrucksstarke Wörter und Wortgruppen.

f Notiere, welcher Gegensatz in der vierten und in der letzten Strophe verdeutlicht wird.

___

___

Tipp
Es gibt mehrere Lösungen.

g Kreuze an, was der Dichter deiner Meinung nach im Gedicht ausdrücken möchte. Begründe deine Entscheidung.

- ☐ Die Menschen sollen die Schönheit der Natur genießen.
- ☐ Die Menschen sollen wie die Vögel ohne Angst leben.
- ☐ Unerwiderte Liebe ist sehr schmerzhaft.
- ☐ Die Vögel haben es gut, weil sie nicht unglücklich verliebt sind.

Begründung:

___

___

h Fasse zusammen, welche zentralen Themen im Gedicht behandelt werden.

1. Natur (z. B. Verse 1 bis 4), ...

___

___

Tipp
Man unterscheidet z. B. Paarreim (aabb), Kreuzreim (abab), umarmender Reim (abba).

i Untersuche und notiere die Anzahl der Strophen und Verse und das Reimschema.

___

j Martin Opitz ist einer der bekanntesten deutschen Barockdichter. Recherchiere im Internet zu seinem Leben und Werk. Notiere wichtige Informationen in dein Heft.

Dramenszenen erschließen

Die Handlung einer Dramenszene erschließen

Ein **Drama** ist ein literarischer Text der Gattung **Dramatik**, der für die Aufführung auf einer Bühne verfasst ist. Es handelt sich also um ein **Bühnenstück**.
Der **dramatische Text** ist deshalb in **Aufzüge** (oder **Akte)** eingeteilt, die wiederum aus **Szenen** bestehen. Der **dramatische** Text besteht im **Haupttext** aus **wörtlicher Rede**, d.h. aus **Monologen** (Selbstgesprächen) und **Dialogen** (Zwiegesprächen) von Figuren. Zusätzlich gibt es oft **Regieanweisungen**, die Hinweise auf Ort und Zeit des Geschehens, die Gestaltung der Bühne und Requisiten sowie Handlungen und Sprechweise der Figuren geben.
Regieanweisungen sind als **Nebentext** meist schräg gedruckt oder auf andere Weise vom Haupttext abgehoben.
Oft werden in Dramen **Konflikte** und deren Lösung behandelt.

1 Lerne das Drama „Leben des Galilei" von Bertolt Brecht kennen.

a Lies den folgenden Einführungstext zum Drama.

Bertolt Brecht schrieb 1938/39 das Drama „Leben des Galilei", das in 15 Bilder[1] gegliedert ist. Im Mittelpunkt der Handlung, die im Jahr 1609 einsetzt, steht der Wissenschaftler Galileo Galilei, der zu Beginn der Dramenhandlung an der Universität in Padua lehrt. Er beschäftigt sich intensiv mit dem kopernikanischen Weltbild, dessen Richtigkeit er beweisen will. Dieses besagt, dass sich die Sonne im Zentrum des Universums befindet und dass sich die Erde und andere Planeten um sie drehen. Die Kirche jedoch lehnt das kopernikanische Weltbild ab. Sie hält an ihrer Lehre fest, dass die Erde im Zentrum des Universums steht.

[1] *das Bild*: Gliederungseinheit in Theaterstücken. Ein *Bild* kennzeichnet einen Schauplatz. Ein *Aufzug/Akt* kann mehrere *Bilder* enthalten und ein *Bild* mehrere *Szenen*.

b Stelle Vermutungen darüber an, was auf der Bühne zu sehen sein könnte. Notiere deine Ideen stichpunktartig.

____

____

____

c Lies den Auszug aus Bild I des Dramas (S. 41–42), in dem folgende Figuren auftreten.

Galilei (Wissenschaftler, 46 Jahre)

Frau Sarti (seine Haushälterin)

Andrea (Sohn von Frau Sarti)

Bertolt Brecht (1898–1956)

Leben des Galilei

1

Das ärmliche Studierzimmer des Galilei in Padua [...]

GALILEI Hast du, was ich dir gestern sagte, inzwischen begriffen?

ANDREA Was? Das mit dem Kippernikus seinem Drehen?

GALILEI Ja.

ANDREA Nein. Warum wollen Sie denn, dass ich es begreife? Es ist sehr schwer, und ich bin im Oktober erst elf.

GALILEI Ich will gerade, dass auch du es begreifst. Dazu, dass man es begreift, arbeite ich und kaufe die teuren Bücher, statt den Milchmann zu bezahlen.

ANDREA Aber ich sehe doch, dass die Sonne abends woanders hält als morgens. Da kann sie doch nicht stillstehn! Nie und nimmer.

GALILEI Du siehst! Was siehst du? Du siehst gar nichts. Du glotzt nur. Glotzen ist nicht sehen. *Er stellt den eisernen Waschschüsselständer in die Mitte des Zimmers.* Also das ist die Sonne. Setz dich. *Andrea setzt sich auf den einen Stuhl. Galilei steht hinter ihm.* Wo ist die Sonne, rechts oder links?

ANDREA Links.

GALILEI Und wie kommt sie nach rechts?

ANDREA Wenn Sie sie nach rechts tragen, natürlich.

GALILEI Nur so? *Er nimmt ihn mitsamt dem Stuhl auf und vollführt mit ihm eine halbe Drehung.* Wo ist jetzt die Sonne?

ANDREA Rechts.

GALILEI Und hat sie sich bewegt?

ANDREA Das nicht.

GALILEI Was hat sich bewegt?

ANDREA Ich.

GALILEI *brüllt:* Falsch! Dummkopf! Der Stuhl!

ANDREA Aber ich mit ihm!

GALILEI Natürlich. Der Stuhl ist die Erde. Du sitzt drauf.

FRAU SARTI *ist eingetreten, das Bett zu machen. Sie hat zugeschaut.* Was machen Sie eigentlich mit meinem Jungen, Herr Galilei?

GALILEI Ich lehre ihn sehen, Sarti.

FRAU SARTI Indem Sie ihn im Zimmer herumschleppen?

ANDREA Lass doch, Mutter. Das verstehst du nicht.

FRAU SARTI [...] Sie bringen meinen Andrea noch so weit, dass er behauptet, zwei mal zwei ist fünf. Er verwechselt schon alles, was Sie ihm sagen. Gestern Abend bewies er mir schon, dass die Erde sich um die Sonne dreht. Er ist fest überzeugt, dass ein Herr namens Kippernikus das ausgerechnet hat.

ANDREA Hat es der Kippernikus nicht ausgerechnet, Herr Galilei? Sagen Sie es ihr selber!

FRAU SARTI Was, Sie sagen ihm wirklich einen solchen Unsinn? Dass er es in der Schule herumplappert und die geistlichen Herren zu mir kommen, weil er lauter unheiliges Zeug vorbringt. Sie sollten sich schämen, Herr Galilei!

GALILEI *frühstückend:* Auf Grund unserer Forschungen, Frau Sarti, haben, nach heftigem Disput, Andrea und ich Entdeckungen gemacht, die wir nicht länger der Welt gegenüber geheim halten können. Eine neue Zeit ist angebrochen, ein großes Zeitalter, in dem zu leben eine Lust ist.

FRAU SARTI So. Hoffentlich können wir auch den Milchmann bezahlen in dieser neuen Zeit, Herr Galilei. [...]

Ab.

[...]

GALILEI Also hier ist die Erde, und hier stehst du. *Er steckt einen Holzsplitter von einem Ofenscheit in den Apfel.* Und jetzt dreht sich die Erde.

ANDREA Und jetzt hänge ich mit dem Kopf nach unten.

GALILEI Wieso? Schau genau hin! Wo ist der Kopf?

ANDREA *zeigt am Apfel:* Da. Unten.

GALILEI Was? *Er dreht zurück.* Ist er etwa nicht an der gleichen Stelle? Sind die Füße nicht mehr unten? Stehst du etwa, wenn ich drehe, so? *Er nimmt den Splitter heraus und dreht ihn um.*

ANDREA Nein. Und warum merke ich nichts von der Drehung?

GALILEI Weil du sie mitmachst! Du und die Luft über dir und alles, was auf der Kugel ist.

ANDREA Und warum sieht es so aus, als ob die Sonne läuft?

GALILEI *dreht wieder den Apfel mit dem Splitter:* Also unter dir siehst du die Erde, die bleibt gleich, sie ist immer unten und bewegt sich für dich nicht. Nun ist die Lampe über deinem Kopf, aber jetzt, was ist jetzt, wenn ich gedreht habe, über deinem Kopf, also oben?

ANDREA *macht die Drehung mit:* Der Ofen.

GALILEI Und wo ist die Lampe?

ANDREA Unten.

GALILEI Aha!

[...]

GALILEI Ich muss dir etwas sagen, Andrea, sprich nicht zu anderen Leuten von unsern Ideen.

ANDREA Warum nicht?

GALILEI Die Obrigkeit hat es verboten.

ANDREA Aber es ist doch die Wahrheit.

Aufführung 1960, Mermaid Theatre, London

GALILEI Aber sie verbietet es. – In diesem Fall kommt noch etwas dazu. Wir Physiker können immer noch nicht beweisen, was wir für richtig halten. Selbst die Lehre des großen Kopernikus ist noch nicht bewiesen. Sie ist nur eine Hypothese[2]. [...]

2 *die Hypothese*: eine unbewiesene Annahme

d Notiere deine ersten Gedanken oder auch Fragen zum Text.

Die Handlung einer Dramenszene erschließen

2 Erschließe den Dramenauszug in Aufgabe 1c schrittweise genauer.

a Lies noch einmal den Einführungstext in Aufgabe 1a und den Dramenausschnitt in Aufgabe 1c. Bestimme und notiere Handlungsort, Handlungszeit und handelnde Figuren.

Handlungsort: ______________________________

Handlungszeit: ______________________________

Figuren: ______________________________

Tipp
Nutze auch die Nebentexte (Regieanweisungen).

b Untersuche die Handlung im Dramenauszug. Notiere das Handlungsgeschehen in Form von Handlungsschritten in dein Heft.

- *Galilei erklärt Andrea, dass sich die Erde um die Sonne dreht.*
- *…*

c Untersuche, welche Konflikte sich im ersten Bild des Dramas andeuten.

Konflikt Galilei und Frau Sarti: ______________________________

____

____

____

Konflikt Galilei mit der Obrigkeit/Kirche: ______________________________

____

____

____

d Brecht lässt Galilei an einer Stelle sagen: „Du siehst gar nichts. Du glotzt nur. Glotzen ist nicht sehen". (Z. 12–13) Diese Textstelle wird bis heute oft zitiert. Überlege, warum das so ist. Formuliere deine Gedanken dazu.

____

____

____

____

Die Figuren einer Dramenszene analysieren

Aufführung 2006, Olivier Theatre, London

Um Dramenszenen zu erschließen, muss man die **Figuren** genau untersuchen. Dazu sollte man den **dramatischen Text** mehrmals lesen und sich fragen:
Was erfährt man (nicht) über
- **äußere Merkmale der Figur** (Aussehen, Alter, Kleidung usw.),
- **innere Merkmale der Figur**, z. B.:

– die **Lebensumstände** (Freunde, Familie, Wohnung, Schule usw.),
– das **Verhalten** (zu Hause, unter Freunden, in bestimmten Situationen usw.),
– **Gedanken und Gefühle**, Interessen usw.,
– die **Sprache** (Wortwahl, Ausdrucksweise, Sprechweise),
und welche **Eigenschaften** lassen sich jeweils daraus ableiten?
Bei der Analyse kann man sich am **Nebentext** und am **Haupttext (Figurenrede)**, also an **beschreibenden Aussagen** der Figuren orientieren, z. B.:
GALILEI *Hast du, was ich dir gestern sagte, inzwischen begriffen?* (Zeile 3)
Ich will gerade, dass auch du es begreifst. (Zeile 8)
→ Galilei liegt viel daran, seine Erkenntnisse weiterzugeben.
Man kann Eigenschaften einer Figur auch aus ihren Handlungen ableiten, z. B.:
[…] Er stellt den eisernen Waschschüsselständer in die Mitte des Zimmers. *Also das ist die Sonne.* (Zeile 13–14)
→ Galilei versucht, schwierige Sachverhalte anschaulich zu erklären.

Die Figuren einer Dramenszene analysieren

3 Untersuche die Figuren im Dramenauszug von Aufgabe 1c (S. 41–42).

a Untersuche, ob der Text etwas über die äußeren Merkmale der Figuren aussagt. Wenn nicht, beschreibe, wie du dir die Figur(en) vorstellst.

____

____

____

____

b Untersuche die inneren Merkmale der Figuren. Was sagen ihre Äußerungen und ihr Verhalten über sie aus? Notiere deine Ergebnisse in der Tabelle.

Wortliste Eigenschaften
ehrgeizig/
wissbegierig/
besorgt/
klug/
selbstbewusst/
aufgebracht

Figur	Äußerungen / Verhalten	mögliche Gedanken und Gefühle	mögliche Eigenschaften
Galilei	*erklärt sehr anschaulich*		

Figur	Äußerungen / Verhalten	mögliche Gedanken und Gefühle	mögliche Eigenschaften
Andrea		*Ist das kompliziert!*	
Frau Sarti			*will Andrea beschützen*

Wortliste
verständlich/
einfach/
kompliziert/
bildhaft/
anschaulich/
umgangssprachlich

c Untersuche die Sprache der drei Figuren genauer. Achte besonders auf die Wortwahl, den Satzbau und die Zeichensetzung. Notiere deine Ergebnisse im Heft nach folgendem Muster.

Galilei:

1 verwendet häufig Ausrufe- und Fragesätze, z. B.: „Falsch! Dummkopf! [...]“ (Z. 26), ...

2 ...
Zusammenfassung: Galileis Sprache ist ...

d Wie schätzt du das Verhältnis zwischen Galilei und Andrea ein? Belege deine Meinung mit Textbeispielen. Schreibe ins Heft.

e Schreibe eine Rollenbiografie zu einer der drei Figuren aus der Ich-Perspektive. Du kannst die die folgenden Fragen nutzen.

Wer bin ich? Wie spreche ich?

Was mache ich? Wie bewege ich mich?

3a Du kannst z. B. beschreiben:
die Größe / die Statur / die Kleidung / die Körperhaltung / die Art der Bewegung / besondere äußere Merkmale
Und du kannst z. B. folgende Adjektive nutzen:
dünn, rundlich, schmächtig, aufrecht, langsam, flink

Wortarten und Wortformen

Nominalisierungen/Substantivierungen

Nomen/Substantive schreibt man mit **großem Anfangsbuchstaben**. Sie bezeichnen Lebewesen, Gegenstände, Orte, Ereignisse, Gefühle usw. und haben ein grammatisches **Geschlecht** (Genus: maskulin, feminin, neutrum) und eine **Zahl** (Numerus: Singular, Plural). Sie lassen sich **deklinieren**, d. h., sie ändern ihren **Fall** (Kasus: Nominativ, Genitiv, Dativ, Akkusativ). Über den Fall der Nomen entscheiden **Verben** und **Präpositionen**, z. B.: *Die 10. Klasse plant ihren letzten Schultag. Die Schülerschaft rechnet mit einer Überraschung.*
Jedes Wort kann im Deutschen **als Nomen/Substantiv gebraucht**, also **nominalisiert/substantiviert** werden. Eine **Nominalisierung/Substantivierung** lässt sich mit Begleitwörtern wie Artikel, Pronomen, Präposition, Zahlwort oder Adjektiv zu einer **nominalen Wortgruppe** erweitern. Die Nominalisierung steht immer am Ende einer nominalen Wortgruppe. Deshalb hilft die **Erweiterungsprobe**, sie zu erkennen, z. B.: *beim Vorbereiten,*
beim sorgfältigen Vorbereiten,
beim beeindruckend sorgfältigen Vorbereiten.

1 Untersuche die unterstrichenen Nomen in folgendem Text. Bestimme Geschlecht und Zahl und notiere deine Ergebnisse.

Jedes Jahr gestalten die Schülerinnen und Schüler der 10. Klassen ihren letzten Schultag vor Beginn der Prüfungen. Sie planen lange im Vorfeld, wie sie diesen Abschlusstag verbringen wollen. Die Klassen schaffen T-Shirts an, die mit Klassenmaskottchen, einem Motto und Namen bedruckt sind. Viele bewahren diese zur Erinnerung an ihre Schulzeit auf. Neben lustigen Spielen, dem Anmalen jüngerer Schülerinnen und Schüler und großzügigem Verteilen von Süßigkeiten werden kleine Theaterstücke aufgeführt, die auf humoristische Art den Schulalltag auf die Schippe nehmen. Das amüsiert das zuschauende Publikum und sorgt oft für anhaltenden Beifall. So schaffen die 10. Klassen etwas Unvergessliches – sowohl für sich selbst als auch für alle anderen. Sie verlassen die Schule mit einem lachenden und einem weinenden Auge.

Prüfungen: die Prüfung (feminin, Plural)

2 Der Text von Aufgabe 1 enthält auch drei Nominalisierungen. Schreibe sie mit ihren Begleitwörtern heraus.

3 Wähle Nomen aus der Wortliste aus, setze sie sinnvoll in die Lücken ein und unterstreiche jeweils die Begleitwörter. Achte auf die richtige Zahl und den richtigen Fall der Nomen.

Wortliste
der Einblick /
der Beruf /
das Praktikum /
die Berufswelt /
die Erfahrung /
die Woche /
die Schulzeit

Ab der 8. Klasse finden erste ____________________ statt. Ein Praktikum ermöglicht einen Einblick in die ____________________ Die Jugendlichen können dabei neue und wichtige ____________________ sammeln und die Vor- und Nachteile eines möglichen ____________________ kennen lernen. Meistens findet das Praktikum während der ____________________ statt und dauert zwei bis drei ____________________ Wenn die ____________________ in das Berufsfeld nicht ausreichen, ist ein weiteres Praktikum in den Ferien zu empfehlen.

Achtung, Fehler!

4 Untersuche die markierten Wörter im Text. Entscheide jeweils, ob eine Nominalisierung vorliegt. Schreibe die Nominalisierungen mit ihren Begleitwörtern heraus.

Viele Jugendliche lernen das F/führen eines Autos bereits mit 17 Jahren. Damit sie Sicherheit im F/fahren erlangen, werden sie eine Zeit lang von Begleitpersonen überwacht. Am W/wichtigsten ist das B/beachten der Verkehrsregeln. Aber auch beim Ü/üben des E/einparkens muss man aufpassen. Das G/gute am L/lenken eines Autos unter Aufsicht ist, dass man sicherer wird und bald auch allein A/aufmerksam fahren kann.

____

____

____

5 Nominalisierungen helfen, Sachverhalte kurz und präzise auszudrücken. Formuliere die unterstrichenen Satzteile mithilfe nominalisierter Verben um.

Es ist verboten, ohne Führerschein Auto zu fahren.

Das Autofahren ohne ____

Bereits mit 17 Jahren ist es erlaubt, eine Fahrprüfung abzulegen.

____

Wenn man ein Fahrzeug führt, muss allerdings eine Begleitperson dabei sein.

____

Wenn man übt, im Straßenverkehr zu fahren, muss man sehr konzentriert sein.

____

5 Orientiere dich an folgenden Satzanfängen. Ergänze jeweils.
Das … ist erlaubt. / Beim … muss … / Beim … des … im Straßenverkehr …

Zeitformen (Tempusformen) der Verben

Verben bilden mithilfe finiter (gebeugter) und infiniter (ungebeugter) Verbformen **Zeitformen** (Tempusformen). Die Zeitformen drücken aus, wann Vorgänge bzw. Handlungen ablaufen und ob sie noch andauern, schon abgeschlossen oder immer gültig sind.
Die **einfachen Zeitformen** Präsens und Präteritum bestehen in der Regel nur aus der finiten Verbform, z. B.: *Er kocht Tee.* (Präsens) *Er kochte Tee.* (Präteritum)
Die **zusammengesetzten Zeitformen** Perfekt, Plusquamperfekt und Futur bestehen aus der finiten Verbform und mindestens einer infiniten Verbform, z. B.: *Er hat Tee gekocht.* (Perfekt) *Er hatte Tee gekocht.* (Plusquamperfekt) *Er wird Tee kochen.* (Futur)

1 Notiere die Zeitformen der unterstrichenen Verben in der Randspalte.

1 *Präsens* ______
2 ______
3 ______
4 ______
______
5 ______
______
6 ______
7 ______
8 ______
9 ______

1 Während der Schulzeit finden regelmäßig Exkursionen statt. **2** In Thüringen organisiert die Schule gerne eine Fahrt in das „Erlebnis-Bergwerk Merkers". **3** Auch die 8. Klassen aus Saalfeld waren schon dort. **4** Nachdem die Jugendlichen in das Verhalten im Bergwerk eingewiesen worden waren, erlebten sie eine rasante Fahrt auf Lkw durch die unterirdischen Gänge. **5** An bestimmten Stellen erklärten die Kumpels, wie bis 1993 das mineralhaltige Kaligestein abgebaut wurde. **6** In einer Tiefe von 800 Metern gibt es eine Kristallgrotte, die mit einzigartigen Salzkristallformationen aufwarten kann. **7** Die Klassen haben nicht nur geologische Kenntnisse gesammelt, sondern auch geschichtliche. **8** Denn am Ende des 2. Weltkrieges nutzte man das Bergwerk, um Gold und Kunstschätze zu verstecken. **9** Die Betreiber des Bergwerks hoffen, dass weiterhin viele Gäste den Weg in das Örtchen Merkers finden werden.

2 Ergänze das Verb in Klammern in der angegebenen Zeitform.

1 Jährlich ______ viele Touristen die Stadt Dresden. (besuchen/Präsens)

2 Auch meine Familie ______ bereits in der historischen Altstadt. (sein/Präteritum)

3 In den Kunstsammlungen ______ wir viele Eindrücke ______ (gewinnen/Perfekt)

4 Nachdem wir den Zwinger ____________________, ______________ meine Familie die Frauenkirche. (besichtigen/Plusquamperfekt; bestaunen/Präteritum)

5 Dieser Ausflug nach Dresden ______________ uns allen lange im Gedächtnis ______________ (bleiben/Futur I)

3 Die Handlungen finden in der Vergangenheit statt. Entscheide jeweils, welche Handlung zuerst abgeschlossen ist. Ergänze die Verben in der passenden Zeitform.

1 Nachdem ich die Suppe ____,
______________ ich den Tisch ______________ (essen, abräumen)

2 Gestern ______________ unser Hund ____________________, nachdem er lange nach einer Lücke im Zaun ____________________ ____________________ (abhauen, suchen)

3 Weil Greta die falschen Schuhe ____________________ ____________________,
______________ sie während der Wanderung ihre Füße. (anziehen, schmerzen)

4 Nacheinander oder gleichzeitig?

Setze die Verben in der passenden Zeitform ein.

1 Was ich zu meinem Geburtstag plane, ____________________ alle ____________________ (erstaunen)

2 Obwohl ich keinen Hunger ____________________, aß ich die Süßigkeiten auf. (haben)

3 Wenn ich meine Hausaufgaben ____________________ ____________________,
ruhe ich mich in meinem Zimmer aus. (erledigen)

4 Während ich Geige ____________________, sah ich auch fern. (üben)

5 Seitdem die Simons einen Hund haben, ____________________ der Sohn regelmäßig Gassi gehen. (müssen)

6 Unser Kaninchen konnte endlich frei herumlaufen, als wir den Zaun ____________________ ____________________ (bauen).

3 Wähle aus folgenden Zeitformen aus: Präteritum oder Plusquamperfekt.
4 Wähle aus folgenden Zeitformen aus: Präsens, Präteritum, Perfekt, Plusquamperfekt oder Futur I.

Modusformen der Verben: Indikativ und Konjunktiv I

Verben bilden **Modusformen** (Formen der Aussageweise):
Verbformen im **Indikativ** (Wirklichkeitsform) verwendet man, um Tatsachen und direkte (wörtliche) Rede wiederzugeben. Verbformen im **Konjunktiv I** (Möglichkeitsform) verwendet man, um Äußerungen anderer Personen als indirekte (nicht wörtliche) Rede wiederzugeben, v. a. im offiziellen Sprachgebrauch. Die Formen des **Konjunktivs I** werden von der 1. Person Plural des Indikativs (Präsens, Perfekt bzw. Futur, ohne *-en)* abgeleitet, die Personalendungen enthalten ein *-e*, z. B.:

Indikativ Präsens	**Konjunktiv I**
er liebt Hanteltraining (lieb-en)	*er lieb-e Hanteltraining*
ihr habt Gutscheine gekauft (hab-en)	*ihr hab-et Gutscheine gekauft*
das wird gefallen (werd-en)	*das werd-e gefallen*

Das Verb *sein* hat eigene Konjunktiv-I-Formen:
ich/er/sie/es sei, du seiest; wir/sie seien, ihr seiet.

1 Bilde zu den in der Tabelle angegebenen Verben jeweils den Indikativ und Konjunktiv I. Orientiere dich am Merkkasten.

Verben	2.P. Sg. Indikativ	2.P. Pl. Indikativ	2.P. Sg. Konjunktiv I	2.P. Pl. Konjunktiv I
singen	*du singst*	*ihr singt*	*du singest*	*ihr singet*
tanzen				
denken				
schreiben				
nachmachen				
verlieren				

2 Kennzeichne die Aussagen mithilfe des Konjunktivs I als indirekte Rede. Die umzuformenden Verben sind unterstrichen. Schreibe in dein Heft.

Lukas sagt, er trainiert regelmäßig. Dreimal wöchentlich geht er joggen. Dabei absolviert er eine Strecke von ca. zehn Kilometern. Außerdem spielt er gern Fußball. Dazu trifft er sich mit seinen Kumpels auf einem Bolzplatz. Außerdem hat er sich noch Hanteln angeschafft, um seine Armmuskulatur zu stärken. Seine Freundin dagegen liebt das Schwimmen. Sie ist davon überzeugt, dass Schwimmen Ausdauer- und Krafttraining vereint.

Lukas sagt, er trainiere regelmäßig. …

Tipp
Nutze den Konjunktiv I.

3 Gib die folgenden Äußerungen in indirekter Rede wieder. Schreibe in dein Heft.

Unsere Klassenlehrerin meint: „Ich schlage als Klassenfahrtziel Leipzig vor." „Das ist doch noch in Sachsen", merkt Hendrik an. Emilia erwidert: „Ich finde den Vorschlag gar nicht schlecht." „Ich will aber nach Italien!", protestiert Hendrik. „Das lehne ich als Klassensprecherin ab, weil es zu teuer ist", sagt Emilia.

Modusformen der Verben: Konjunktiv II

Mit Verbformen im **Konjunktiv II** (Möglichkeitsform) lassen sich Wünsche, Vorstellungen, Ratschläge oder Empfehlungen ausdrücken, z. B.: *Ich würde gerne nach Italien reisen. Dann könnte ich das Meer sehen.*
Die **Formen des Konjunktivs II** bildet man vom Indikativ Präteritum (bzw. Plusquamperfekt), in der Regel mit einem Umlaut und ggf. mit Personalendungen mit einem -*e*, z. B.:

Indikativ Präteritum	***Konjunktiv II***
sie wusste	*sie wüsste*
sie ging	*sie ging-e*
ihr schriebt	*ihr schrieb-et*
wir hatten Eis gekauft	*wir hätt-en Eis gekauft*
es war gegangen	*es wär-e gegangen*

Einige Konjunktiv-II-Formen werden nur selten gebraucht, andere stimmen formal mit dem Indikativ überein. Man ersetzt sie durch ***würde + Infinitiv***, z. B.:
sie kannte → sie kennte (ungebräuchlich) → sie würde kennen,
er sagte → er sagte (Konjunktiv II = Indikativ) → er würde sagen.

Tipp
Orientiere dich am Merkkasten.

1 Bilde von den Indikativformen in Klammern den Konjunktiv II und ergänze die Sätze.

1 Sie träumte, sie (läuft) *liefe* ________ über eine Wiese.

2 Ich wünschte, ich (höre) ________ alles ganz genau.

3 Wir dachten, du (spazierst) ________ noch eine Weile herum.

4 Er glaubte, er (sitzt) ________ sicher im Sattel.

5 Alle meinten, es (hat) ________ geklappt, Karten zu besorgen.

6 Sie hofften, ihr (seid) ________ erfolgreich gewesen.

2 Markiere in Aufgabe 1 die Verben, bei denen *würde* + *Infinitiv* besser passt. Begründe deine Auswahl.

____

Tipp
Es gibt verschiedene Lösungen.

3 Drücke mithilfe des Konjunktivs II Vorstellungen und Möglichkeiten aus. Formuliere die folgenden Sätze um. Schreibe in dein Heft.

1 Weil es geregnet hatte, wurde die Wäsche nass.
2 Theresa hat nicht für Mathe gelernt, deshalb fiel die Arbeit schlecht aus.
3 Das Auto raste so schnell durch die Wohnstraße, dass es den Ball spielenden Jungen erfasste.
4 Es ist zu heiß, um den Sportwettkampf durchzuführen.

1 Wenn es geregnet hätte, wäre die Wäsche nass geworden. / Würde es geregnet haben, wäre die Wäsche nass geworden. 2 …

Modusformen der Verben: Imperativ

Mit dem **Imperativ** (Befehlsform) gibt man Aufforderungen, Befehle, Bitten oder Warnungen wieder, z. B.: *Stelle den Herd aus! Passen Sie bitte auf! Seid leise!*
Den **Imperativ** bildet man von den Indikativformen:

2. Person Singular:	*du schreibst*	*Schreib!*
2. Person Plural:	*ihr schreibt*	*Schreibt!*
1. Person Plural:	*wir schreiben*	*Schreiben wir!*

Der Umlaut entfällt: *du läufst los, du fährst los → Lauf los! Fahr los!*
Verben, deren Stammvokal in der 2. Person Präsens von *e* zu *i* wechselt, weisen auch im Imperativ Singular diesen Wechsel auf, z. B.:
nehmen (du nimmst): Nimm! Nehmt! Nehmen Sie!
Verben, deren Wortstamm auf *-d*, *-t*, *-m* oder *-n* endet, behalten in der 2. Person Singular in der Regel das *-e*, z. B.: *du redest–Rede! du wartest–Warte! du atmest–Atme! du öffnest–Öffne!*
Bei anderen Verben kann die Endung -e angefügt werden, z. B.: *Denk(e) daran!*

1 Bilde von den angegebenen Verben alle Imperativformen. Schreibe in die Tabelle.

Verben	Singular	Plural	Höflichkeitsform
essen	*Iss!*	*Esst!*	*Essen Sie!*
wischen	*Wisch(e)!*		
werfen			
beschreiben			
verlassen			
mitmachen			
zugeben			

2 Verwende die angegebenen Wörter in Aufforderungssätzen, die an *eine* Person gerichtet sind. Schreibe die Sätze auf.

1 das Geld / nehmen **2** die E-Mail / lesen **3** ihr / Fruchtsaft / anbieten
4 den Tisch / abräumen **5** dein Bruder / vertrauen **6** dein Bett / neu / beziehen

1 Nimm das Geld!

3 Formuliere geeignete Aufforderungen. Schreibe in dein Heft.

1 Der Bruder schließt nicht das Fenster.
2 Die Kinder sind beim Spielen viel zu laut.
3 Der Zwölfjährige traut sich nicht, auf den Fels zu klettern.
4 Die Zwillinge sollen endlich schlafen.
5 Die unbekannte Person wirft Papier weg.

Tipp
Achte darauf, welche Person bzw. Personengruppe angesprochen werden soll.

Aktiv- und Passivformen

Von den meisten Verben kann man eine **Aktivform** und eine **Passivform** bilden. Will man ausdrücklich betonen, wer handelt, verwendet man die **Aktivform**, z.B.: *Vera kocht Kakao. Sie hat Kakao gekocht.*
Ist unwichtig oder unbekannt, wer handelt, verwendet man die **Passivform**.
Passivformen sind immer **zusammengesetzte** Verbformen.
Sie bestehen aus einer finiten Verbform des Hilfsverbs ***werden*** **+ Partizip II** eines anderen Verbs. Im Präsens oder Präteritum kann man auch eine finite Verbform eines **Modalverbs + Partizip II +** ***werden*** verwenden, z.B.:
Präsens: *Kakao wird gern getrunken. Er kann heiß getrunken werden.*
Präteritum: *Kakao wurde gesüßt. Er musste gesüßt werden.*
Perfekt: *Kakao ist immer getrunken worden.*
Plusquamperfekt: *Kakao war immer getrunken worden.*
Futur I: *Kakao wird immer getrunken werden.*

1 Formuliere die Kochanleitung in das Passiv um und schreibe sie in dein Heft.

Zur Zubereitung von Eierkuchen benötigt man eine Tasse Milch, eine Tasse Mehl, zwei Eier, eine Prise Salz. Die Zutaten verrührt man zu einem Teig. In eine heiße Pfanne gibt man etwas Sonnenblumenöl oder Rapsöl. Dann gießt man eine Portion des Teiges dazu. Nach 2–3 Minuten kann man den Eierkuchen wenden. Man wartet nochmals 2–3 Minuten. Schon kann man den Eierkuchen essen, z.B. mit Apfelmus. *Zur Zubereitung von Eierkuchen werden ...*

2 Finde im Text die Passivformen. Markiere sie und bestimme jeweils die Zeitform.

1 Eine Fahrt nach Merkers wird immer gern unternommen. (*Präsens*)
2 Das Bergwerk wird nicht umsonst Erlebnisbergwerk genannt. (______________)
3 In einer unterirdischen Kammer werden z. B. regelmäßig Konzerte angeboten. (______________)
4 Das Publikum wurde schon mehrfach mit klassischen oder rockigen Klängen erfreut. (______________)
5 Und auch sportliche Wettkämpfe werden dort durchgeführt. (______________)
6 Sowohl zu Fuß als auch mit dem Rad sind bereits außergewöhnliche Rennen absolviert worden. (______________)
7 Die schlechten Lichtverhältnisse in den Gängen waren nämlich als spannende Herausforderung erkannt worden. (______________)
8 Künftig werden sicher weitere spektakuläre Veranstaltungen organisiert werden, um die Attraktivität eines Bergwerksbesuchs zu erhöhen. (______________)

3 Untersuche die Bildung der Passivformen in folgenden Sätzen.

Tipp
Lies im Merkkasten nach.

a Unterstreiche die mehrteiligen Prädikate und markiere das Modalverb.

1 Hygiene muss bei der Herstellung von Speiseeis beachtet werden. **2** Es dürfen verschiedene Zucker, wie z.B. Rohrzucker, Honig oder Vanillezucker verwendet werden. **3** Auch Eier können eingerührt werden. **4** Für ein kalorienärmeres Eis sollte Magermilchpulver genutzt werden. **5** Speiseeis muss in geschlossenen Behältern aufbewahrt werden, sonst können Gerüche anderer Speisen angenommen werden.

Tipp
Formuliere in unpersönlicher man-Form.

b Forme die Sätze in das Aktiv um und schreibe sie in dein Heft.

Passivformen

> **Tipp**
> Lies im Merkkasten auf Seite 48 nach.

1 Wandle den nachfolgenden Aktivsatz in Passivsätze um. Beachte die jeweils geforderte Zeitform.

Peter schreibt in der 3. Stunde eine Englischarbeit.

In der 3. Stunde wird (von Peter) eine Englischarbeit geschrieben . (Präsens)

In der 3. Stunde ____________________ . (Präteritum)

____________________ . (Perfekt)

____________________ . (Plusquamperfekt)

____________________ . (Futur I)

2 Forme die Aktivsätze in Passivsätze um. Überlege, ob du die handelnde Person benennen willst. Schreibe in dein Heft.

1 Frau Michel schreibt einen Text an die Tafel.
2 Clara hat eine Zeichnung angefertigt.
3 Gestern reparierte ich mein Fahrrad.
4 Die Kinder hatten spannende Abenteuer erlebt.
5 Die Klasse wird die Exkursion gut vorbereiten.

1. Ein Text wird ...

> **Wortliste**
> **Modalverben:**
> dürfen / müssen / sollen / können / wollen

3 Bilde aus den Stichpunkten Passivsätze. Verwende dazu die Modalverben aus der Wortliste.

1 Medikamente nicht mit Milch einnehmen
2 Brandwunden steril abdecken
3 rote Ampel auf jeden Fall beachten
4 Pizza mit verschiedenen Zutaten belegen
5 Kinder und Jugendliche stärken
6 Wörter in das Vokabelheft schreiben

1 *Medikamente dürfen nicht* ____________________

2 ____________________

3 ____________________

4 ____________________

5 ____________________

6 ____________________

Adverbien

Adverbien sind unveränderbare (nicht flektierbare) Wörter. Sie geben an, wann, wo, wie und warum etwas geschieht, z. B.: *heute, oft, anderenfalls, dorthin, überall, unten, besonders, allein, sehr, trotzdem, deshalb.*
Im Satz treten sie als Attribut oder als Adverbialbestimmung auf, z. B.:
Diese besonders sympathische Pferderasse kannst du hier kennen lernen.
Einige Adverbien ersetzen ganze Wortgruppen oder Teilsätze, z. B.:
Wegen seiner Krankheit kann er nicht reiten. Deswegen kann er nicht reiten.
Weil er krank ist, bleibt er zu Hause. Krankheitshalber bleibt er zu Hause.

Tipp
Im Text finden sich 12 Adverbien.

1 Markiere im Text die Adverbien. Trage sie entsprechend ihrer Aussage in die Tabelle ein.

Ich besuchte neulich ein Gestüt in Meura/Thüringen. Man betreibt dort eine Haflinger-Pferdezucht. Da ich Pferde sehr mag, war der Ausflug ein Geschenk und fand an meinem Geburtstag statt. Als wir da ankamen, war bereits ein Pferd für mich gesattelt. Obwohl ich sofort reiten wollte, nahm ich mir trotzdem Zeit, um mich mit dem Pferd vertraut zu machen. Der einstündige Ritt anschließend wird mir wirklich im Gedächtnis bleiben. Ich werde deshalb regelmäßig Reitstunden nehmen, um mein Interesse an Pferden weiterhin zu verfolgen.

Zeit	Ort	Art und Weise	Grund
neulich	______	______	______
______	______	______	______
______	______	______	______
______	______	______	______
______	______	______	______

Wortliste
eigentlich / darüber hinaus / bekanntlich / wiederum / heute / außerdem / oft / besonders / stets

2 Wähle aus der Wortliste passende Adverbien aus und setze sie sinnvoll ein.

Haflinger sind ______________ Gebirgspferde. ______________ gehören sie zu den Kleinpferderassen. ______________ werden sie ______________ im Freizeitbereich eingesetzt. Haflinger sind ______________ trittsicher, was ______________ für ungeübte Reiter von Vorteil ist. ______________ verfügt die Rasse über ein gutmütiges und nervenstarkes Wesen, das bei Kindern ______________ gut ankommt. ______________ sind die Pferde intelligent und lernwillig, sodass sie auch im Sport- oder Showbereich ihren Einsatz finden.

Wortliste
vielleicht / bestimmt / gewissermaßen / vermutlich / sicherlich / äußerst

3 Adverbien können eine Aussage hervorheben oder einschränken. Setze Adverbien aus der Wortliste sinnvoll ein.

Er hat ______________________ recht mit seiner Antwort.

______________________ wird er den Prozess gewinnen.

Mir bleibt ______________________ keine andere Wahl.

Es wird ______________________ alles gutgehen.

Auf jeden Fall bleibt es ______________________ spannend.

Es ist ______________________ ein echter Krimi.

Tipp
Nutze das Internet.

4 Ergänze die Tabelle mit abgeleiteten Adverbien. Bilde pro Suffix mindestens zwei weitere Beispiele.

Suffixe	**Adverbien**
-s	*morgens,*
-(e)stens	*höchstens,*
-lings	*blindlings,*
-weise	*beispielsweise,*
-maßen	*erwiesenermaßen,*
-lei	*einerlei,*
-wärts	*heimwärts,*
-lich	*hoffentlich,*

5 Bilde mithilfe der Adverbien aus Aufgabe 4 einen Satz. Verwende jedes Suffix einmal.

____

____

____

____

____

Adverbien

Wortliste
bekanntermaßen / möglicherweise / blindlings / zuerst / anfangs / später / jederzeit / unterwegs / nebenbei / übrigens

1 Wähle Adverbien aus der Wortliste aus und ersetze die unterstrichenen Wortgruppen und Teilsätze. Schreibe die umformulierten Sätze auf die Zeilen.

1 Es ist bekannt, dass sich viele Menschen für Pferde interessieren.

____

2 Es ist möglich, dass sie auch das Reiten erlernen wollen.

____

3 Viele stürzen sich aber, ohne nachzudenken, in das Abenteuer Pferd.

____

4 Zu Beginn sollte man Grundfertigkeiten im Reiten erlangen, damit während der Ausritte ins Gelände weniger Unfälle passieren. _______________

____

5 Zum Schutz reichen für die erste Zeit Reithelm, enge Hose und festes Schuhwerk aus. _______________

6 Im Laufe der Zeit sollte man sich aber ordentlich passende Reitstiefel zulegen.

____

Wortliste
Adverbien:
dort / besonders / trotzdem / deshalb

2 Bilde zusammengesetzte Sätze mithilfe der Adverbien aus der Wortliste. Schreibe die Sätze auf und markiere die Adverbien.

1 Björn liebt Musik. Er geht oft zu Konzerten.

Björn liebt Musik, deshalb _______________

2 Zeynep hat Höhenangst. Sie besteigt den Aussichtsturm.

____

3 Juri interessiert sich für Ballsportarten. Er mag Basketballspiele sehr.

____

4 Tom blieb zuhause. Er fühlte sich wohl.

____

Satzbau und Zeichensetzung

Bau des einfachen Satzes

Nachgestellte Erläuterungen

Mit **nachgestellten Erläuterungen** werden Bezugswörter näher erklärt. Es gibt:
- **Appositionen**, d. h. nachgestellte Erläuterungen im gleichen Fall wie das Bezugswort, z. B.: *Eine Besteigung des höchsten Berges, des Watzmanns, ist sehr anspruchsvoll.*
- nachgestellte Erläuterungen, die durch Wörter wie *und zwar, nämlich, besonders, also, unter anderem (u. a.), zum Beispiel (z. B.), vor allem (v. a.), das heißt (d. h.)* eingeleitet werden, z. B.: *Freizeitangebote, zum Beispiel Wanderungen und Klettertouren, bietet der Nationalpark viele.*
- **Datumsangaben**, die auf einen Wochentag folgen. Sie stehen im gleichen Fall wie der Wochentag, auf den sie sich beziehen, z. B.: *Wir sind seit Samstag, dem 1. Juli(,) hier.*

Nachgestellte Erläuterungen werden durch **Kommas** abgegrenzt.

Tipp
Im Text fehlen acht Kommas.

Achtung, Fehler!

1 Lies die Sätze laut vor und setze die fehlenden Kommas.

Der Nationalpark Berchtesgaden ein Gebiet in den Bayerischen Alpen liegt an der Grenze zu Österreich. Er nimmt eine ziemlich große Fläche ein und zwar 20804 Hektar. Touristen haben viele Möglichkeiten sich aktiv zu betätigen z.B. bei geführten Wanderungen oder Klettertouren. Ganz Mutige können den höchsten Berg des Gebietes den Watzmann besteigen. Besonders empfehlenswert ist der Besuch des Salzbergwerks Berchtesgaden ein Spaß für Jung und Alt.

Achtung, Fehler!

2 Ergänze passende Präpositionen und Artikel. Setze die fehlenden Kommas.

1 In der Zeit ____________ 8. August ____________ 11. August 2022 wurde im Nationalpark ein Mediencamp für Jugendliche durchgeführt.

2 Am Dienstag ____________ 9. August und Mittwoch ____________ 10. August suchten sie nach passenden Orten und Motiven für eine Internetstory.

3 Für Donnerstag ____________ 11. August war die Rückkehr zum Bildungszentrum vorgesehen.

4 Die Anmeldung zum Camp musste ____________ 20. Juli 2022 vorgenommen werden.

Infinitivgruppen

Bei **Infinitivgruppen** (erweiterten Infinitiven mit *zu*) muss man ein **Komma** setzen, wenn
- sie durch *um, ohne, (an)statt, außer, als* eingeleitet sind, z. B.: *Bodyguards sind da, um Personen zu schützen. Ohne zu zögern, greifen sie ein.*
- sie sich auf ein Nomen/Substantiv beziehen, z. B.: *Die Aufgabe von Bodyguards, Personen zu schützen, ist wichtig.*
- sie sich auf Wörter wie *daran, damit, darauf, es* beziehen, z. B.: *Sie sind damit beauftragt, Personen zu schützen. Ihre Aufgabe ist es, andere zu schützen.*

Bei nicht erweiterten Infinitiven mit *zu* kann man ein Komma setzen, um die Gliederung des Satzes zu verdeutlichen oder um Missverständnisse zu vermeiden, z. B.: *Ich finde es wichtig(,) zu helfen. Er versprach, uns zu helfen. Er versprach uns, zu helfen.*
Fehler vermeidet man, wenn man bei Infinitiv mit *zu* immer ein **Komma** setzt.

Wortliste
statt / anstatt / um / ohne / außer

1 Ergänze die Infinitivgruppen mit passenden Wörtern aus der Wortliste. Setze die Kommas.

1 Ich freue mich auf die Ferien ___________ endlich wieder auszuschlafen.

2 ___________ mir zu schreiben rief mich meine Freundin an.

3 Meine Mutter geht zur Volkshochschule ___________ ihr Englisch aufzufrischen.

4 ___________ zu zögern leistete die junge Frau Erste Hilfe.

5 Ich hatte gestern nichts weiter zu tun ___________ mich auf die Mathearbeit vorzubereiten.

Tipp
Nutze den Merkkasten.

Achtung, Fehler!

2 Folgende Sätze enthalten Infinitivgruppen, die durch Kommas abgegrenzt werden müssen. Setze die Kommas und unterstreiche die Infinitivgruppe.

1 Katja hat den Traum, eine berühmte Sängerin zu werden.
2 Anstatt nach Hause zu gehen bummelte Tom in der Stadt herum.
3 Niemand zweifelt daran pünktlich zu sein.
4 Das Kind sprang von einer hohen Mauer ohne sich zu verletzen.
5 Der Lehrer wusste darüber Bescheid die Stunde vertreten zu müssen.
6 Die Freunde trafen sich auf dem Fußballplatz um gemeinsam zu kicken.
7 Regelmäßiges Training ist dafür notwendig die Leistung zu verbessern.
8 Henry erhielt den Auftrag auf seine kleine Schwester aufzupassen.

Tipp
Orientiere dich am Beispiel.

3 Erweitere die Infinitive mit *zu* in folgenden Sätzen. Ergänze dazu mindestens zwei Angaben. Schreibe in dein Heft, setze die Kommas und markiere die Erweiterungen.

1 Luca hat die Hoffnung zu bestehen.
2 Anna hatte die Chance zu gehen.
3 Marc beabsichtigt zu bleiben.
4 Es ist wichtig zu essen.

Luca hat die Hoffnung zu bestehen. - Luca hat die Hoffnung, die Prüfung heute zu bestehen.

Infinitivgruppen

1 Wähle aus den folgenden Infinitivgruppen eine jeweils passende aus und ergänze die Sätze. Setze die Kommas.

interessante Motive zu finden / Tiere zu fotografieren / ins Mediencamp zu fahren / einen Tierkalender zu erstellen / Neues zu entdecken / bald eine Zusage zu bekommen

Tipp
Die Bezugswörter sind unterstrichen.

1 Luca denkt darüber nach ______________________.

2 Er hat die Vorstellung ______________________.

3 Seine Absicht ist es ______________________.

4 Luca glaubt daran ______________________.

5 Er wartete darauf ______________________.

6 Bei ihm wurde das Bedürfnis geweckt ______________________

______________________.

2 Formuliere die unterstrichenen Nebensätze in Infinitivgruppen um.

1 Sie ist verantwortlich dafür, dass das Geld pünktlich eingesammelt wird.

Sie ist verantwortlich dafür, das Geld pünktlich einzusammeln.

2 Mein Vater schaffte es, dass er rechtzeitig zu Hause war.

____

____

3 Die Lehrerin hat sich vorgenommen, dass sie ruhig bleibt.

____

____

4 Dass er seinen Freund verliert, glaubte Jimmy nicht.

____

____

5 Dass sie den 1. Platz belegt, hatte Melina nicht erwartet.

____

____

Partizipgruppen

Partizipgruppen sind Konstruktionen, in deren Kern ein Partizip enthalten ist,
z. B.: *Der Maler kommt auf der Baustelle an,* völlig durchgeschwitzt. (Partizip II)
Er entschuldigt sich bei seinem Chef, ein Brötchen essend. (Partizip I)
Nachgestellte Partizipgruppen müssen durch **Komma** abgegrenzt werden, vorangestellte und eingeschlossene können durch Komma abgegrenzt werden,
z. B.: *Alle Kräfte mobilisierend(,) stürzt er sich in die Arbeit.*
Frau T. erstellt(,) alle Informationen einbeziehend(,) die Rechnung.
Fehler vermeidet man, wenn man bei Partizipgruppen immer ein **Komma** setzt.

Tipp
Lies ggf. im Merkkasten nach.

Achtung, Fehler!

1 a Folgende Sätze enthalten Partizipgruppen. Grenze alle Partizipgruppen durch Kommas ab. Die Partizipien sind unterstrichen.

1 Ein Maler erscheint verspätet zur Arbeit vollkommen durchgeschwitzt.
2 Er erklärt seinem Chef ein Brötchen essend dass er verschlafen habe.
3 Letzte Nacht hätte ihn sein Kind die ganze Zeit weinend wachgehalten.
4 Die Entschuldigung annehmend schickt der Chef ihn auf die Baustelle.
5 Dort leistet er seine Verspätung wiedergutmachend hervorragende Arbeit.
6 Um zwölf Uhr macht er Mittagspause sehr erschöpft von der Arbeit.

●●● b Überlege, welche der Kommas in den Sätzen von Aufgabe 1 a freigestellt sind. Setze diese Kommas in Klammern.

2 Formuliere die unterstrichenen Nebensätze in Partizipgruppen um. Schreibe die Sätze mit den nötigen Kommas auf und markiere die Partizipgruppen.

1 Eine Hochgebirgswanderung, die mein Vater plante, führte uns über Leitern.

Eine Hochgebirgswanderung, von meinem Vater ______ ,

2 Als wir oben ankamen, erwartete uns eine spektakuläre Aussicht.

3 Der Abstieg führte über ein Schneefeld, das mit Spalten durchzogen war.

4 Trotz größter Vorsicht stürzte ich, als ich plötzlich auf einer glatten Stelle ausrutschte.

5 Wir hatten ein Notfallpaket dabei, das mit Verbandsmaterial ausgestattet war.

Bau des zusammengesetzten Satzes

Zweigliedrige Sätze

Zweigliedrige Sätze bestehen aus zwei Teilsätzen.
Sind beide Teilsätze Hauptsätze und damit gleichrangig, bilden sie eine **Satzreihe** (Satzverbindung). In **Hauptsätzen** steht die finite (gebeugte) Verbform an zweiter Satzgliedstelle. Hauptsätze lassen sich **unverbunden** aneinanderreihen oder mit **Konjunktionen** und **Adverbien** verbinden, z. B.:
Schweden ist ein beliebtes Urlaubsland, viele Menschen fahren dorthin. Schweden ist ein beliebtes Urlaubsland, aber es ist nicht ganz billig. Schweden ist ein beliebtes Urlaubsland, deshalb sind die Fähren oft ausgebucht.
Hauptsätze werden durch **Komma** voneinander getrennt, es sei denn, sie sind durch *und* oder *oder* verbunden, z. B.:
Schweden ist ein beliebtes Urlaubsland(,) und das hat viele Gründe.
Man vermeidet Fehler, wenn man Teilsätze immer durch **Komma** abgrenzt.

Wortliste
und / aber / oder / denn / deshalb / darum / doch

1 Bilde Satzreihen. Füge die einfachen Sätze mithilfe von Konjunktionen und Adverbien aus der Wortliste zusammen, schreibe die Sätze auf und setze die Kommas.

1 Ich sehe gern Animationsfilme. Regelmäßig gehe ich ins Kino.

Ich sehe gern Animationsfilme, deshalb ____________________

____

2 Mein Vater wollte am Wochenende den Rasen mähen. Es regnet leider.

____

____

3 Im Sommer gehen wir gern schwimmen. Manchmal fahren wir Rad.

____

____

4 Trotzig widerspricht das Kind den Eltern. Es fühlt sich ungerecht behandelt.

____

____

5 Kai liebt das Skifahren. Er verbringt seine Winterferien auf der Skipiste.

____

____

Ein **Satzgefüge** besteht mindestens aus einem **Hauptsatz** (Hs) und einem untergeordneten **Nebensatz** (Ns), die durch **Komma** voneinander getrennt werden. Den **Nebensatz** erkennt man an folgenden Merkmalen:

- Er beginnt meist mit einem **Einleitewort**:
  - einer Konjunktion, z. B.: *weil, dass, als, wenn, ob, obwohl,*
  - einem Fragepronomen, z. B.: *wo, wie, was, warum* oder
  - einem Relativpronomen, z. B.: *der, die, das, welcher.*
- Die **finite Verbform** steht an letzter Satzgliedstelle, z. B.:
  Sie freut sich, dass sie bald Geburtstag hat. Hs, Ns.
  Wen sie einladen sollte, wusste sie nicht. Ns, Hs.
  Der Kuchen, den sie mag, steht bereit. Hs (Teil 1), Ns, Hs (Teil 2).

Wortliste
weil / dass / wenn /
der / die / das /
wo / warum / wie

2 Bilde Satzgefüge. Füge die einfachen Sätze mithilfe von Wörtern aus der Wortliste zusammen, schreibe die Sätze auf und setze die Kommas.

1 Ich bekomme monatlich Taschengeld. Ich teile mein Geld selbst ein.

Ich bekomme monatlich Taschengeld, damit ich mein Geld selbst einteile.

2 Leider war mein Geld schon weg. Ich hatte ein neues Computerspiel gekauft.

3 Meine Freundin wollte in ein Konzert gehen. Das Konzert interessierte mich.

4 Ich hatte aber keine Ahnung. Ich konnte die Konzertkarte nicht bezahlen.

5 Ich erzählte meiner Mutter die Lüge. Ich hätte mein Taschengeld verloren.

6 Meine Mutter wollte es genau wissen. Was sei denn passiert?

7 Ich entschuldigte mich für die Lüge. Sie gab mir das Geld für das Konzert.

Zusammengesetzte Sätze

Ein **Satzgefüge** besteht mindestens aus einem **Hauptsatz** (Hs) und einem untergeordneten **Nebensatz** (Ns), die durch Komma voneinander getrennt werden. **Nebensätze** erkennt man an der **Endstellung der finiten Verbform** und ihren **Einleitewörtern**.
Häufige Nebensätze sind **Relativsätze**, die mit einem **Relativpronomen** (*der, die, das, die; welcher, welches, welche*) eingeleitet werden, z. B.:
Die Räume, die frisch renoviert wurden, werden auch technisch neu ausgestattet.

Wortliste
das / welches / deren / welche

1 Bilde aus den einfachen Sätzen Satzgefüge mit einem Relativsatz als Nebensatz.

Nutze die Relativpronomen aus der Wortliste. Schreibe die Sätze auf und achte auf die Kommasetzung.

1 Schulen in Deutschland können sich mit einem Digitalpaket ausstatten lassen. Das Digitalpaket wird von Bund und Ländern finanziert.

Schulen in Deutschland können sich mit einem Digitalpaket, das von Bund und Ländern finanziert wird, ausstatten lassen.

2 Dazu müssen sie ein Konzept erstellen. Das Konzept beinhaltet vor allem Maßnahmen und Ziele.

3 Die Klassen diskutieren über die Anschaffung verschiedener technischer Geräte. Die Geräte sollen den Unterricht über viele Jahre bereichern.

4 Deshalb entscheiden sich viele Schulen für digitale Tafeln. Die Tafeln ermöglichen einen vielfältigen Einsatz im Unterricht.

5 Tablets sind sehr teuer in der Anschaffung. Auf Tablets wird oft verzichtet.

2 Unterstreiche in deinen Nebensätzen die finite Verbform und rahme das Relativpronomen ein.

Mehrfach zusammengesetzte Sätze

Sind drei oder mehr Haupt- und Nebensätze miteinander verbunden, spricht man von **mehrfach zusammengesetzten Sätzen**. Die Teilsätze werden in der Regel durch **Komma** voneinander getrennt, z. B.:
99,9 Prozent der Sprache eines Textes lassen keinen Rückschluss zu, wer ihn geschrieben hat, aber es sind die restlichen 0,1 Prozent, die etwas über Alter, Herkunft, Geschlecht und Bildung verraten.
Hs, Ns, Hs, Ns.
Mehrfach zusammengesetzte Sätze verwendet man vorwiegend in schriftlichen Texten.

1 Lies die mehrfach zusammengesetzten Sätze.

Achtung, Fehler!

a Unterstreiche die finiten Verbformen der Teilsätze und setze die fehlenden Kommas.

1 Damit die Interessen aller Beachtung finden werden jedes Schuljahr Klassensprecherinnen bzw. -sprecher gewählt die sich für die Belange der Klasse einsetzen. ( )
2 Dieses Amt ist spannend denn man lernt wie man Gespräche leitet und wie man seine Meinung sachlich zum Ausdruck bringt. ( )
3 Dabei tritt man für andere ein die sich selbst nicht trauen oder die ihre Probleme nicht allein lösen können. ( )
4 Man vermittelt zwischen unterschiedlichen Positionen indem man sich immer beide Seiten anhört indem man Schwierigkeiten offen anspricht und gemeinsam Lösungsmöglichkeiten auslotet. ( )
5 Dafür muss man nicht die besten Noten haben aber man sollte gut zuhören können außerdem sollte man möglichst neutral bleiben damit man bei der Streitschlichtung behilflich sein kann. ( )
6 Klassen die sich regelmäßig über Probleme austauschen die gemeinsame Veranstaltungen planen wann immer es ihnen möglich ist können auch beim Lernen erfolgreicher sein als andere. ( )

b Ordne den Sätzen aus Aufgabe a folgende Satzbilder zu. Schreibe den entsprechenden Buchstaben in die Klammern dahinter.

(a) Hs, Hs, Hs, Ns.
(b) Hs, Ns, Ns.
(c) Hs, Hs, Ns(,) Ns.
(d) Hs, Ns, Ns(,) Ns.
(e) Ns, Hs, Ns.
(f) Hs, Ns, Ns, Ns, Hs.

●●● **2** Bilde selbst mehrfach zusammengesetzte Sätze. Nutze dazu die Wortgruppen A und B und schreibe in dein Heft. Achte auf die Kommasetzung.

A Fähigkeiten von Klassensprecherinnen und Klassensprechern, Kompromissbereitschaft zeigen, gut argumentieren können
B Interessen der einzelnen Klassen vertreten, für mindestens ein Jahr demokratisch gewählt, besitzen Stellvertreter bzw. Stellvertreterin

Die Fähigkeiten von Klassensprecherinnen und Klassensprechern, die …

Zeichensetzung bei der direkten (wörtlichen) Rede

Direkte (wörtliche) Rede muss man in schriftlichen Texten durch **Anführungszeichen** kennzeichnen. Oft steht bei der direkten Rede ein **Begleitsatz**, der die Sprechenden nennt. Es gelten folgende Regeln:

- Nach dem **vorangestellten Begleitsatz** steht ein Doppelpunkt, das erste Wort der wörtlichen Rede wird großgeschrieben. Die Satzzeichen innerhalb der direkten Rede bleiben erhalten, z. B.:
  Die Lehrerin sagte: „Wir wiederholen die Arbeit mit dem Duden."
- Im **nachgestellten Begleitsatz** wird das erste Wort kleingeschrieben. Wird die wörtliche Rede durch einen Punkt abgeschlossen, so wird dieser weggelassen. Ein Frage- oder Ausrufezeichen dagegen wird gesetzt. Nach dem schließenden Anführungszeichen steht immer ein **Komma**, z. B.:
  „Was habt ihr euch gemerkt?", fragt sie. „Das Alphabet ist wichtig", meint ein Schüler.
- Der **eingeschobene Begleitsatz** wird immer in Kommas eingeschlossen, die Satzzeichen innerhalb der direkten Rede bleiben erhalten, z. B.:
  „Zuerst", sagte die Lehrerin, „lösen wir zusammen diese Aufgabe."

Tipp
Nimm ggf. den Merkkasten zu Hilfe.

Achtung, Fehler!

1 Lies die Sätze und ergänze die Zeichensetzung bei der direkten Rede.

1 „Die Klasse 8 wiederholt im September die Arbeit mit dem Duden", teilt die Lehrerin der Klasse mit.
2 Nicht schon wieder ruft Tom laut das war letztes Jahr so langweilig.
3 Pia erwidert Aber du brauchst noch zu lange, um Wörter zu finden.
4 Außerdem ist es dein einzig mögliches Hilfsmittel in den Prüfungen. Deshalb sollte man den Duden sehr gut kennen argumentiert Nadja.
5 Genau sagt die Lehrerin und bekannterweise macht nur Übung den Meister.

Wortliste
Karl fragt /
unterbricht Josy
Karls Lachen /
will der Lehrer wissen /
brüllt Karl in die Klasse /
sagt er an Tom gerichtet /
erwidert sie /
widerspricht Josy/
kontert Karl /
verabschiedet sie der Lehrer

2 Verbinde die folgenden Aussagen mit einem passenden Begleitsatz aus der Liste. Schreibe die Sätze vollständig und mit korrekter Zeichensetzung in dein Heft.

1 Was macht ihr denn so in den Herbstferien? (...)
2 Chillen (...) was denn sonst! Und lacht sich kaputt.
3 Ich fahre mit meinen Eltern nach Dänemark (...)
4 (...) Warst du da nicht schon letztes Jahr? Wie langweilig!
5 Überhaupt nicht (...) denn unsere ganze Familie trifft sich dort einmal im Jahr, sonst haben alle zu wenig Zeit füreinander.
6 Und das soll was Besonderes sein? (...)
7 Aber sicher. Wir lachen viel, fetzen uns beim Spielemarathon und haben auch Zeit für ernstere Gespräche (...)
8 Na dann wünsche ich dir viel Spaß (...)
9 Und mit deinen Eltern (...) muss ich nach den Ferien unbedingt einmal sprechen.

Zeichensetzung beim Zitieren

Ein **Zitat** (die wörtliche Wiedergabe einer Textstelle in einem anderen Text) muss buchstabengetreu übernommen und in **Anführungszeichen** gesetzt werden.
Auslassungen kennzeichnet man durch drei Punkte in eckigen Klammern, z. B.:
„Forensik […] bezeichnet den Einsatz wissenschaftlicher Methoden zur Aufklärung von Verbrechen." (Cooper, 2018, S. 6) Erkenntnisse aus Fachgebieten „von Chemie über Medizin bis hin zu Entomologie (Insektenkunde)" werden angewendet (Cooper, 2018, S. 6).
Immer muss bei Zitaten die **Quelle** angegeben werden, und zwar:

- innerhalb von Texten meist als **Kurzangabe**, z. B.: *(Cooper, 2018, S. 6)*,
- als **vollständige Quellenangabe** hinter oder unter dem Zitat, bei längeren Texten in einem Quellenverzeichnis am Ende. Man unterscheidet:

Zitat aus einem Buch:
Name, Vorname: Titel. (Evtl. Übersetzung.) Ort: Verlag, Jahr, Seite(n).
Cooper, Chris: Kriminalistik: Tatort, Spuren, Detektive. Übersetzung von Michael Bär, Michael Schmidt. München: Dorling Kindersley, 2018, S. 6.

Zitat aus einer Zeitung oder Zeitschrift:
Name, Vorname: Titel. Aus: Zeitung/ Zeitschrift, Nr. bzw. Datum der Ausgabe, Seite(n).
Klaußner, Alexandra: Mein Beruf: Staatsanwalt. Aus: Dein Spiegel, 01/2022, S. 24–26.

Zitat aus dem Internet:
(Verfasserin/Verfasser, wenn genannt): Titel. Online im Internet: Internetadresse [Datum des Abrufs].
Kriminaltechnik. Online im Internet: https://polizei.brandenburg.de/liste/das-aufgabenspektrum-der-kriminaltechnik/73005 [05.04.2022].

1 Beim Zitieren aus Quellen müssen Regeln eingehalten werden.

a Lies zunächst folgenden Text.

Was bringt der *DigitalPakt Schule* den Schülerinnen und Schülern? […]
„Angesichts der sozialen und kulturellen Vielfalt der Schülerschaft muss Bildung individueller gestaltet werden. Es ist für alle Schülerinnen und Schüler wie für Lehrkräfte lernförderlich, wenn individuelle Lernfortschritte genauer erfasst und durch gezielte Auswahl von Lernbausteinen und -materialien unterstützt werden können. Digitale Medien können das Lernen im Unterricht und außerhalb der Schule besser vernetzen und dazu beitragen, Bildungsbenachteiligung auszugleichen. […] Analoge Experimente, haptische Erfahrungen und der Austausch mit Mitschülern und Lehrkräften im unmittelbaren Miteinander werden auch künftig eine wichtige Rolle spielen. Sie bleiben von zentraler Bedeutung, denn Lernen ist ein sozialer Prozess."
Quelle:
Bundesministerium für Bildung und Forschung. Online im Internet: https://www.digitalpaktschule.de/de/schuelerinnen-und-schueler-1734.html [letzter Abruf: 12.01.2023].

Tipp
Orientiere dich am Beispiel.

b Nutze jetzt die Informationen aus dem Text. Ergänze folgende Sätze mit Zitaten aus dem Text. Achte auf die Zeichensetzung.

Laut Ministerium für Bildung und Forschung muss Bildung „aufgrund der sozialen und kulturellen Vielfalt der Schülerschaft [...] individueller gestaltet werden" (Bundesministerium Bildung u. Forschung, 2022).

1 Es ist für alle am Lernprozess Beteiligten lernförderlich, wenn

____

____

(Bundesministerium Bildung u. Forschung, 2022).

2 Digitale Medien, so das Ministerium, können vor allem dazu beitragen,

____

____

(Bundesministerium Bildung u. Forschung, 2022).

3 Allerdings betont das Ministerium auch, dass

____

____

Tipp
Prüfe die Quelle und aktualisiere ggf. das Abrufdatum.

c Notiere die vollständige Quelle zu den Zitaten.

____

____

●●● **2** Suche zum Thema „Schule und Digitalisierung" drei weitere Texte im Internet und notiere jeweils den Titel und die Quellenangaben wie beim Beispiel in Aufgabe a.

Textgestaltung und Satzverknüpfung

Inhaltliche Zusammenhänge und verschiedene Wirkungen von Texten entstehen u. a. durch **Satzverknüpfung**. Satzverknüpfungsmittel sind z. B.:

- die **Satzgliedstellung**, z. B.:
Nationalparks sind naturbelassene Gebiete. Sie sind deshalb besonders zu schützen. / Deshalb sind sie besonders zu schützen.
- spezielle **sprachliche Mittel** wie:
– Pronomen, z. B.: *Im Nationalpark leben viele Tiere. Diese werden nicht gestört.*
– Adverbien, z. B.: *Dort sind sie sicher vor dem Eingriff des Menschen. Darum …*
– bedeutungsähnliche Wörter (Synonyme), z. B.: *das geschützte Terrain, das Naturreservat, die grüne Oase,*
- die Bildung von zusammengesetzten Sätzen (**Satzreihen** und **Satzgefügen**), z. B.: *Der Nationalpark wird von vielen Mitarbeitenden betreut (,) und ein Ranger kümmert sich speziell um den Zustand des Waldes.*
Der Nationalpark wird durch die Mitarbeitenden gepflegt, die auf dem Gelände unterwegs sind, weil sie die Flora und Fauna schützen möchten.

1 Untersuche, wie die Sätze inhaltlich miteinander verknüpft sind.

a Finde heraus, auf welche Wörter und Satzteile sich die unterstrichenen Satzverknüpfungsmittel beziehen. Markiere diese.

In Deutschland gibt es z. Z. insgesamt sechzehn Naturparks. Ihre Aufgabe ist es, Pflanzen und Tiere zu schützen. Um zum Nationalpark ernannt zu werden, müssen diese Gebiete, die aus großen Flächen bestehen, frei vom Einfluss des Menschen sein. Deshalb dürfen keine Eingriffe in den natürlichen Kreislauf des Werdens und Vergehens vorgenommen werden. Die Parks, die auch der Erholung dienen sollen, können von Touristen unter strengen Auflagen besucht werden. Dazu gehört, dass die Menschen keinen Müll oder andere Spuren hinterlassen, wie z. B. abgebrochene Zweige. Darüber hinaus helfen die Parks auch der Wissenschaft und der naturkundlichen Bildung.

Tipp
Nutze dazu den Merkkasten.

b Notiere, welche Satzverknüpfungsmittel jeweils genutzt wurden.

Ihre = Pronomen, die = ______________________

____

c Ein weiteres Satzverknüpfungsmittel sind bedeutungsähnliche Wörter. Unterstreiche Beispiele im Text.

2 Lies folgenden Text und überarbeite ihn, indem du die Sätze sinnvoll miteinander verknüpfst. Schreibe deinen Text ins Heft.

Ein bekanntes Fotomotiv im Nationalpark *Sächsische Schweiz* ist die Basteibrücke. Die Basteibrücke ist 190 Meter hoch. Auf der Basteibrücke erlebt man einen sagenhaften Ausblick auf riesige in den Himmel ragende Felsen. Die Basteibrücke ist 76 Meter lang. Unter der Basteibrücke fließt die Elbe. Die Basteibrücke ist der meistbesuchte Platz im Nationalpark.

Wortbildung

Für die **Wortbildung** haben sich im Deutschen zwei Formen bewährt:
- die **Ableitung** mithilfe von Präfixen und Suffixen,
- die **Zusammensetzung** (Bestimmungswort + Grundwort).

Grund- und Bestimmungswort können selbst eine Zusammensetzung oder eine Ableitung sein, z. B.: *Erkältung|s|krankheit: er- + kält + -ung + -s- + krank + -heit.*
Mithilfe der **Zerlegeprobe** lassen sich Wörter in ihre Bauteile zerlegen.
Dadurch kann man Klarheit über die Schreibung der Wörter bekommen.

Tipp
Der Text enthält 13 Zusammensetzungen.

1 Markiere in folgendem Text alle Zusammensetzungen. Schreibe die Zusammensetzungen in dein Heft und zerlege sie durch senkrechte Striche.

die Corona / pandemie, das ...

Die Coronapandemie brachte für die Schülerinnen und Schüler das für sie neue Distanzlernen. Das heißt, sie mussten zu Hause lernen und an Videokonferenzen teilnehmen. Viele genossen es, dass sie ihre Zeit zum Lernen stressfrei selbst einteilen konnten. Auch war es ihnen möglich, Hilfsmittel wie Internet und Lexika zu nutzen. Aber die meisten vermissten ihre Schulfreunde und Schulfreundinnen. Wer den Wechselunterricht erlebte, fand diesen meist gut, da in Kleingruppen gelernt werden durfte, was sich positiv auf die Lernbereitschaft und die Leistungen auswirkte.

2 Bilde zusammengesetzte Wörter. Verwende die kursiv geschriebenen Wörter als Grund- oder Bestimmungswort.

Tipp
Achte auf die Groß- und Kleinschreibung.

spielen: der Basketball / stark / mit / der Abend / freudig

das Basketballspiel, ____________________

____

frei: beruflich / der Brief / das Bad / stehend / die Hitze

____

____

die Nacht: aktiv / das Silvester / blind / das Flugverbot / die Mitte

____

____

Wortliste
-bau-/-denk-/-sing-

3 Bilde mithilfe der Wortstämme aus der Wortliste Wortfamilien. Markiere die Zusammensetzungen und Ableitungen unterschiedlich.

umbauen, der Anbau, ... ____________________

____

Tipp
Nutze typische Endungen für:
Nomen/ Substantive:
-heit, -keit, -ung, -schaft, -nis
Adjektive:
-ig, -lich, -isch, -sam, -bar, -haft

4 Bilde mithilfe der vorgegebenen Wortstämme abgeleitete Wörter und trage sie in die entsprechende Tabellenspalte ein. Orientiere dich am Beispiel.

Wortstamm	Nomen/Substantiv	Adjektiv	Verb
-neu-	*die Neuigkeit*	*neulich*	*erneuern*
-schließ-			
-spar-			
-hoff-			
-lieb-			
-gleich-			

5 Suffixe verändern die Bedeutung von Wörtern.

a Die Wortpaare hören sich ähnlich an, haben aber unterschiedliche Bedeutungen. Verwende die Wörter in sinnvollen Wortgruppen. Schreibe je ein Beispiel in dein Heft. Orientiere dich an der Musterlösung.

künstlich – künstlerisch / schmerzlich – schmerzhaft / kostbar – köstlich / geistig – geistlich / gläubig – glaubhaft

künstlich – künstlerisch: eine künstliche Blume, eine künstlerische Darbietung

b Wähle passende Nomen/Substantive aus der Wortliste aus und setze sie sinnvoll in die Sätze ein.

Wortliste
die Neuheit oder die Neuigkeit /
die Klarheit oder die Klärung /
die Wirkung oder die Wirksamkeit

Das auf den Markt gekommene Handy stellt eine absolute ______________ dar.

In den Nachrichten hören wir ______________ aus aller Welt.

Zur ______________ eines Sachverhaltes musste Gregor zur Polizei.

Der Richter stellte das Fehlverhalten des Angeklagten in aller ______________ dar.

Ein sicheres Auftreten in einem Vorstellungsgespräch hat eine große ______________ auf den Arbeitgeber.

Die ______________ der Tabletten ist noch nicht ausreichend erforscht.

5 a Bilde z. B. Wortgruppen mit folgenden Substantiven/Nomen:
der Schatz / der Mensch / die Fähigkeit / der Verlust / die Speise / das Lied / die Verletzung / die Aussage / die Hilfe

Wortbedeutung

Synonyme

Synonyme sind Wörter mit verschiedener Form (Aussprache, Schreibung), die eine ähnliche (selten gleiche) Bedeutung haben. Sie bezeichnen denselben Gegenstand, dieselbe Handlung oder Eigenschaft, heben dabei aber oft unterschiedliche Merkmale hervor, z. B.: *das Essen – die Mahlzeit – das Festmahl.*
Synonyme lassen sich zu **Wortfeldern** zusammenfassen, mit deren Hilfe man etwas genau benennen und Wortwiederholungen vermeiden kann.

1 a Suche Synonyme zum Wort *lachen* und schreibe sie auf.

____

b Verwende die Wörter in sinnvollen Sätzen und schreibe diese in dein Heft.

Wortliste
der Mann / der Kerl / das Männlein / der Bursche / der Bengel / der Greis

2 Wähle geeignete Synonyme aus der Wortliste aus und ergänze den Lückentext.

Die Oma schimpft: „Du ungezogener ____________________ !"

Rumpelstilzchen ist ein ____________________ aus einem Märchen.

Mit 100 Jahren zählt sein Opa zu den ____________________ .

Freddy wird von seinem Ausbilder oft als umgänglicher und freundlicher

____________________ bezeichnet.

Wenn ein heterosexuelles Paar heiratet, heißt es: „Und hiermit erkläre ich Sie zu

____________________ und Frau."

Aus dem kleinen Jungen der Nachbarn ist ein stattlicher ____________________

geworden.

Tipp
Probiere verschiedene Lösungen aus, um Wortwiederholungen zu vermeiden.

3 Nutze Synonyme zu *machen* für die Textüberarbeitung. Schreibe den überarbeiteten Text in dein Heft.

Alle Familienmitglieder machen sich nützlich. Die 15-jährige Elisa macht ihr Zimmer sauber. Ihre Mutter macht die Einkäufe. Dafür macht der Vater das Mittagessen für die Familie. Die jüngste Tochter macht den Käfig des Hamsters sauber. Der älteste Sohn, der sich gerne in der Natur aufhält, macht den Garten. Zur gemeinsamen Erholung machen sie zusammen oft Wanderungen.

3 Wähle z. B. aus folgenden Wörtern aus:
unternehmen, erledigen, zubereiten, vorbereiten, putzen, reinigen, pflegen, harken, aufräumen

Antonyme

Zu bestimmten Wörtern gibt es Gegensatzwörter: **Antonyme**. Sie haben teils gemeinsame, vor allem aber gegensätzliche Bedeutungsmerkmale, z. B.:
hell (Lichtmenge: viel Licht) – *dunkel* (Lichtmenge: wenig Licht),
die Nacht (Tageszeit: wenn es dunkel ist) – *der Tag* (Tageszeit: wenn es hell ist).

1 Finde und verwende Antonyme.

a Schreibe Antonyme zu den folgenden Wörtern auf.

vergessen – *sich erinnern* ________ über – ________

der Riese – ________ klug – ________

weinen – ________ leise – ________

b Verwende die Antonympaare in kurzen Sätzen und schreibe sie in dein Heft.

Josy hat den richtigen Weg vergessen, ich habe mich daran erinnert.

2 Ein Präfix macht den Unterschied.

Wortliste
Präfixe:
Un- / un- /
Miss- / miss-

a Bilde Antonyme mithilfe der Präfixe aus der Wortliste und schreibe sie auf.

ordentlich – ________ das Geschick – ________

leserlich – ________ deuten – ________

das Wetter – ________ das Verständnis – ________

denkbar – ________ das Vermögen – ________

die Gunst – ________ treu – ________

●●● b Wähle aus 2a ein Antonympaar aus, das keinen inhaltlichen Gegensatz wiedergibt. Begründe deine Auswahl.

____

____

Wortliste
drunter – drüber /
jetzt – nie /
früher – später

3 Antonyme kommen auch in Redewendungen vor. Setze die Antonyme aus der Wortliste sinnvoll in die Lücken ein.

Im Zimmer meines Bruders geht es ________ und ________.

________ oder ________ verliebt sich jeder Mensch einmal.

Bei Chancen im Leben heißt es oft ________ oder ________.

Homonyme

Wörter, die gleich (bzw. fast gleich) geschrieben und ausgesprochen werden, aber eine unterschiedliche Bedeutung haben, heißen **Homonyme** (gleichnamige Wörter), z. B.: *die Bremse – die Bremse.*
Als Homonyme werden auch (fast) gleich geschriebene bzw. gesprochene Wörter verstanden, die verschiedenen Wortarten angehören, z. B.: *(der) Morgen – morgen.*

Tipp
Schlage ggf. in einem Wörterbuch nach.

1 Suche passende Homonyme und schreibe sie mit Artikel und Bedeutung auf.

das Pony (kleines Pferd) – *der Pony (ein bestimmter Haarschnitt)*

die Wurzel (Teil des Zahns) – ______________ (______________)

der Mist (Unsinn machen) – ______________ (______________)

der Läufer (kleiner Teppich) – ______________ (______________)

der Taube (gehörloser Mensch) – ______________ (______________)

Wortliste
die Hochzeit /
die Montage /
der Roman /
rasten

2 Homonyme unterscheiden sich oft nur in der Aussprache.

Setze die Wörter aus der Wortliste richtig in die Sätze ein und übe die unterschiedliche Aussprache.

Am Sonntag feierte meine Schwester ______________.

Als ______________ des Mittelalters gelten die Jahre 900 bis 1200.

Die ______________ des Regals war leicht.

Die ______________ mag ich besonders, weil ich da immer Training habe.

Mein neuer Mitschüler heißt ______________.

In meiner Freizeit lese ich gerade den ______________ „Tschick".

Während der Wanderung mussten wir dreimal ______________.

Die Polizeiautos ______________ recht schnell an uns vorbei.

3 Gleiche Aussprache – unterschiedliche Bedeutung und Schreibung.

a Suche in den Sätzen die Homonyme und unterstreiche sie.

Ich bin nicht so gerne unter Leuten. Das Läuten der Kirchenglocken ist schnell vorbei. Mein Hund frisst gern Leckerlis. Lasst bitte die Frist nicht verstreichen! Auf einer Lärche sitzt eine Lerche. Bleib auf der Stelle stehen! Wir besichtigen die Ställe der Pferde. Die Tante der Waise war sehr weise.

b Bilde selbst sinnvolle Sätze mit den Homonymen. Schreibe in dein Heft.

Metaphern

Eine **Metapher** ist ein Wort oder ein Ausdruck mit einer übertragenen, bildhaften Bedeutung. Sie entsteht durch Übertragung eines Wortes mit seiner ursprünglichen Bedeutung auf einen anderen Sachbereich. Grundlage dafür ist ein gemeinsames Merkmal der Ähnlichkeit in beiden Bedeutungen, z. B.:
der Fuß des Menschen (ursprüngliche Bedeutung) → *am Fuß des Berges* (übertragene Bedeutung)
Durch Metaphern wird die Ausdrucksweise eines Textes bildhaft und anschaulich.

Tipp
Recherchiere ggf. im Internet.

1 Erkläre die Bedeutung der unterstrichenen Metaphern. Übertrage die Tabelle in dein Heft und fülle sie aus.

Auf diese Weise wird er nie auf einen grünen Zweig kommen.
Ich denke gar nicht daran, dir den roten Teppich auszurollen.
Pass bloß auf, sonst wirst du dein blaues Wunder erleben.
Wer von uns hat schon eine weiße Weste?
Die Stadt braucht eine grüne Lunge.

Wortgruppe	Bedeutung
auf einen grünen Zweig kommen	*etwas erreichen, Erfolg haben*

2 Verwende die folgenden Adjektive in Verbindung mit den Nomen/Substantiven in kurzen Sätzen sowohl in ursprünglicher als auch in übertragener Bedeutung.

1 lang / die Leitung **2** dunkel / die Tage **3** sauer / der Apfel

1 *Der Elektriker verlegt eine sehr lange Leitung.*

1 ______

2 ______

2 ______

3 ______

3 ______

3 Erkläre die Bedeutung der folgenden Metaphern. Schreibe die Erklärungen und je ein Verwendungsbeispiel in dein Heft.

1 eine bittere Pille schlucken *1 eine schwierige Situation akzeptieren – Mit dem Ausscheiden unserer Mannschaft mussten wir eine bittere Pille schlucken.*

2 das Fass zum Überlaufen bringen

3 Gras über die Sache wachsen lassen

4 den Nagel auf den Kopf treffen

5 auf Wolke sieben schweben

Personifizierungen

> Wenn menschliche Verhaltensweisen und Eigenschaften auf unbelebte Gegenstände und Erscheinungen übertragen werden, liegt eine **Personifizierung** vor, z. B.: *die Sonne lacht, der Wind bläst, der schweigende Wald.*
> Auch die Personifizierung ist eine bildhafte Ausdrucksweise.

1 Erkläre die Bedeutung der Sätze mit eigenen Worten. Schreibe in die rechte Spalte.

Personifizierungen	Aussage/Bedeutung
Die Natur erwacht.	*Es wird Frühling.*
Der Himmel weint.	
Der Wind rüttelt an der Tür.	
Der Tag verabschiedet sich.	
Die Zeit rennt davon.	

Wortliste
blind / stark / schwach / intelligent / hilfreich

2 Bilde mit den nachfolgenden Nomen/Substantiven und je einem Adjektiv aus der Wortliste eine Personifizierung. Schreibe sie auf und gib die Bedeutung an.

***1** das Vertrauen **2** das Wissen **3** die Nerven **4** der Kühlschrank **5** der Wille*

1 *blindes Vertrauen: absolutes, sehr großes Vertrauen*

3 Markiere im Gedicht die Personifizierungen und deute sie. Schreibe in dein Heft.

V. 1–2: Im Frühling ist der Himmel blau.

Eduard Mörike (1804–1875)
Er ist's

Frühling lässt sein blaues Band
Wieder flattern durch die Lüfte;
Süße, wohlbekannte Düfte
Streifen ahnungsvoll das Land.
Veilchen träumen schon,
Wollen balde kommen.
Horch, von fern ein leiser Harfenton!
Frühling, ja du bist's!
Dich hab' ich vernommen!

Groß- und Kleinschreibung

Nominalisierungen/Substantivierungen

Im Deutschen kann jedes Wort **als Nomen/Substantiv gebraucht**, also **nominalisiert/substantiviert** werden. Es wird dann wie ein Nomen **großgeschrieben** und **dekliniert** (gebeugt). Es kann von einem Artikel, einem Pronomen, einer Präposition, einem Zahlwort oder einem Adjektiv **begleitet** werden, z. B.: *das Klingeln, unser Klingeln, beim Klingeln, dreimaliges Klingeln, lautes Klingeln* (nominalisiertes Verb).
Eine **Nominalisierung/Substantivierung** steht immer am Ende einer sogenannten **nominalen Wortgruppe**. Deshalb hilft die **Erweiterungsprobe**, sie zu erkennen, z. B.:
das Blau, das helle Blau, das hell leuchtende Blau (nominalisiertes Adjektiv),
mein Ich, mein starkes Ich, mein sehr starkes Ich (nominalisiertes Pronomen),
dein Aber, dein häufiges Aber, dein auffallend häufiges Aber (nominalisierte Konjunktion),
sein Aua, sein leises Aua, sein leise wimmerndes Aua (nominalisierte Interjektion),
das Für und Wider, das abwägende Für und Wider, das gründlich abwägende Für und Wider (nominalisierte Präposition).

Wortliste
SPRECHEN /
WANDERN /
WISSEN /
FEIERN /

1 Setze die Wörter in der richtigen Groß- und Kleinschreibung ein und begründe deine Entscheidung auf den Schreibzeilen unten.

1 Wir werden heute über eure Präsentation ______________.

2 Wegen ihrer starken Halsschmerzen vemeidet sie das ______________.

3 Viele deutsche Touristen fahren zum ______________ in die Alpen.

4 Dann ______________ sie über Stock und Stein und genießen die Aussicht.

5 In der Klassenarbeit werde ich euer ______________ testen.

6 Dann solltet ihr alles über unser behandeltes Thema ______________.

7 In diesem Jahr ______________ viele von uns Jugendweihe.

8 Auf das ausgelassene nächtliche ______________ freue ich mich schon riesig.

1 sprechen = Verb

____

____

Wortliste
allerlei / etwas / nichts / wenig / viel

2 **a** Nominalisiere folgende Adjektive. Nutze die Zahlwörter aus der Wortliste als Begleitwörter.

kostbar – erfreulich – wichtig – neu – spannend

allerlei Kostbares ______________________________

____

b Verwende fünf Beispiele in Sätzen.

____

____

____

____

____

____

3 Der folgende Text enthält 36 Fehler. Wähle Aufgabe a oder b.

a Korrigiere den ersten Absatz (Z. 1 bis 5), der 19 Fehler enthält. Schreibe ihn orthografisch richtig in dein Heft. Achte besonders auf die richtige Groß- und Kleinschreibung.

●●● **b** Korrigiere folgenden Text. Schreibe ihn orthografisch richtig in dein Heft.

Achtung, Fehler!

Greta Thunberg ist eine klima-aktivistin aus schweden. Mit acht jahren hört sie zum ersten mal vom klimawandel. Greta erfährt viel interessantes zu diesem thema. Für sie ist es ein absolutes muss, etwas zu tun. Beim lesen und studieren von artikeln und büchern, beim schauen von filmen und recherchieren im internet, erkennt sie, welche gefahren für unsere welt bestehen.

Diese erkenntnis bringt sie zum verzweifeln. Greta stellt sogar das essen und trinken ein und verlässt das haus nur noch selten. Mit 15 jahren bastelt sie ein weißes schild, auf dem „schulstreik für das klima“ steht, und stellt sich damit vor das schwedische parlament. Das wird der beginn der bewegung „Fridays for future“. Sie wird aktiv und setzt somit etwas großes in gang. So wird Greta zur symbolfigur. Inzwischen demonstrieren weltweit millionen menschen.

Tipp
Absatz 1 enthält 7 Nominalisierungen, der gesamte Text 11.

4 Unterstreiche in deinem Text aus Aufgabe 3 alle Nominalisierungen/Substantivierungen. Schreibe sie in deinem Heft mit ihren Begleitwörtern auf.

zum ersten Mal, …

Die Schreibung von Eigennamen

Eigennamen sind Wörter und Wortgruppen, die zum Beispiel Personen, Orte, Veranstaltungen, Organisationen und Institutionen als einmalig bezeichnen.
Sie werden **immer großgeschrieben**, z. B.: *Dirk Neumann, Bahnhofstraße, Potsdam, Sachsen-Anhalt, Europa, Deutsches Rotes Kreuz, Freie Universität.*
Wenn Adjektive, Partizipien oder Numeralien (Zahlwörter) Teil eines Eigennamens sind, werden sie ebenfalls großgeschrieben, z. B.: *der Stille Ozean, die Vereinigten Staaten, der Zweite Weltkrieg.*

Tipp
Nutze ein Online-Lexikon.

1 Was versteckt sich hinter diesen geografischen Phänomenen? Erkläre, was diese Eigennamen bezeichnen.

Kap der Guten Hoffnung: ______________________

Schwäbische Alb: ______________________

Goldene Aue: ______________________

Kleine Antillen: ______________________

Wortliste
fleißig / deutsch / grün / blau / hohe / französisch /

Tipp
Recherchiere dir Unbekanntes im Internet.

2 Eigenname oder nicht? Setze die Adjektive aus der Wortliste in der richtigen Schreibweise ein.

1	die *Blaue* Moschee		**2**	die ______ Bienen	
	der ______ Himmel			das ______ Lieschen	
3	der ______ Bundestag		**4**	das ______ Gewölbe	
	der ______ Staatsbürger			der ______ Salat	
5	der ______ Käse		**6**	die ______ Tatra	
	der ______ Dom			das ______ Gebäude	

Tipp
Streiche schon verwendete Wortkombinationen durch.

3 Wie lauten diese Eigennamen? Bilde die richtigen Kombinationen und ordne sie mit dem Artikel in die Tabelle ein.

kleiner – prager – deutsche – kanarische – dresdener – technische – erster – schwarze – totes – vereinte – weimarer – eure – heiliger brandenburger – mecklenburgische – königliche – ~~statistische~~ – versailler

Hoheit – Feuerfalter – Tor – Inseln – Weltkrieg – Burg – Vater – Seenplatte – Dogge – Universität – Meer – Republik – Witwe – Majestät – Nationen Zwinger – Vertrag – ~~Bundesamt~~

Historische Ereignisse	Bauwerke	Titelbezeichnungen
Organisationen, Institutionen	**Tiernamen**	**Geografische Bezeichnungen**
das Statistische Bundesamt		

●●● **4** In diesen Sätzen sind Eigennamen falsch geschrieben. Unterstreiche alle Eigennamen und schreibe sie richtig auf.

Achtung, Fehler!

1 Die <u>langlebige Kiefer</u> ist ein Baum und wächst in den kalifornischen <u>white Mountains</u>.

die Langlebige Kiefer, ______________________________

2 Der Himalaya ist das bekannteste Gebirge der Welt. Noch immer schiebt die indische Platte nach oben und der Himalaya wächst so stetig weiter.

____

3 Die Anden sind das längste überirdische Gebirge der Welt. Noch länger ist der mittelatlantische Rücken, ein Gebirgszug, der sich unter Wasser von der arktischen See bis kurz vor die Küste der Antarktis erstreckt.

____

Groß- und Kleinschreibung

Im Deutschen lässt sich jedes Wort nominalisieren/substantivieren.
Nominalisierungen/Substantivierungen müssen immer **großgeschrieben** werden.

Tipp
Diese **Wortarten** kommen vor:
Zahlwort
Adjektiv
Interjektion
Verb

1 In folgenden Redewendungen sind die Nominalisierungen/Substantivierungen unterstrichen. Schreibe sie mit ihren Begleitwörtern heraus und bestimme jeweils die Wortart, die nominalisiert wurde.

1 Der Klügere gibt nach. **2** Er will sich auf Biegen und Brechen durchsetzen.
3 Ach du grüne Neune! **4** Unter jedem Dach ein Ach.

1 der Klügere – klüger (Adjektiv), 2 ______________________

____

____

Wortliste
hell / schnell /
laut / fröhlich /

2 Die Erweiterungsprobe hilft, Nominalisierungen/Substantivierungen zu erkennen. Wende die Erweiterungsprobe an. Nutze zur Erweiterung Wörter aus der Wortliste und unterstreiche jeweils die Nominalisierung.

1 das Rot, das schöne Rot, das ______________________

2 beim Sprechen, beim ______________________

3 unser Hurra, unser ______________________

3 Wähle die richtige Schreibung aus der Klammer aus und setze sie in die Lücken ein.

1 Du kannst alle Arbeiten im ____________ erledigen. (sitzen/Sitzen)

2 Wenn alle ____________, können wir beginnen. (sitzen/Sitzen)

3 Gemütliches ____________ mag ich gern im ____________. (lesen/Lesen, liegen/Liegen)

4 Wir ____________ gern auf dem Sofa, weil wir dann gemütlich ____________ können. (lesen/Lesen, liegen/Liegen)

Getrennt- und Zusammenschreibung

Regeln der Getrennt- und Zusammenschreibung bei Verben

Wörter werden in der Regel **getrennt** geschrieben, z. B.: *laut sprechen, schnell fahren, lesen lernen, spazieren gehen, Rat suchen, Rad fahren.*
Man kann die **Betonungs-** und die **Bedeutungsprobe** anwenden: Liegt die **Betonung** auf **beiden Bestandteilen**, wird **getrennt geschrieben**. Liegt die **Betonung** auf dem **ersten Bestandteil**, wird **zusammengeschrieben**, z. B.: *aufeinander achten, frei sprechen, freisprechen, hinauslehnen, schlussfolgern.*
Zusammenschreiben muss man außerdem:
- bei **übertragener Bedeutung (Bedeutungsprobe)**, z. B.: *rotsehen* (wütend werden), *schwerfallen* (Mühe haben), *festnehmen* (verhaften), *sitzenbleiben* (nicht versetzt werden), *links liegenlassen* (nicht beachten).
- **bestimmte Verbindungen** aus Nomen/Substantiv + Verb **(Ausnahmen),** die man sich einprägen muss: *eislaufen, heimfahren, irreführen, leidtun, kopfrechnen, kopfstehen, preisgeben, stattfinden, teilnehmen.*

Tipp
Verbindungen mit *sein* werden immer getrennt geschrieben.

1 Getrennt oder zusammen? Setze Verbindungen aus Adjektiv und Verb richtig ein. Nutze die Betonungs- und die Bedeutungsprobe.

1 Manchmal könnte ich den ganzen Tag ____________. (fern, sehen)

2 Über deine Witze kann ich mich ____________. (kaputt, lachen)

3 Kann man es dir überhaupt ____________? (recht, machen)

4 Wirst du bald ____________? (fertig, sein)

5 Wir müssen alles prüfen, um ganz ____________. (sicher, gehen)

6 Mit dieser Note kannst du sehr ____________. (zufrieden, sein)

Tipp
Bei Verbindungen mit *lassen* sind beide Schreibungen möglich. Entscheide mithilfe der Bedeutungsprobe.

2 Getrennt oder zusammen? Entscheide, wie die Verbindungen aus Verb und Verb geschrieben werden müssen. Vervollständige die Sätze.

1 Das Team darf den besten Fahrer nicht ____________. (hängen, lassen)

2 Du kannst deine Jacke hier ____________. (hängen, lassen)

3 Er hat den Luftballon ____________. (platzen, lassen)

4 Du kannst den Termin nicht einfach ____________. (platzen, lassen)

5 Ich habe das Glas aus Versehen ____________. (fallen, lassen)

6 Diese Idee kannst du sofort wieder ____________. (fallen, lassen)

Tipp
Orientiere dich am Merkkasten.
Wenn du unsicher bist, schlage in einem Wörterbuch nach.

3 Getrennt oder zusammen? Entscheide, wie die Verbindungen aus Nomen/Substantiv und Verb zu schreiben sind. Vervollständige die Sätze.

1 Am nächsten Radrennen werde ich ______________________. (Teil, nehmen)

2 Ich werde mein Leben lang ______________________________. (Rad, fahren)

3 Vor der Geschwindigkeit darf man keine _________________. (Angst, haben)

4 Nach dem Rennen werde ich mit dem Rad auch noch ___________________.
(Heim, fahren)

5 Ich hoffe, ich werde der Belastung ______________________. (Stand, halten)

6 Bei einem Wettkampf darf man keine Sekunde _________________________.
(Preis, geben)

4 Getrennt oder zusammen?

Tipp
Bei vier Beispielen ist Getrennt- oder Zusammenschreibung möglich.

a Verbinde folgende Wortbestandteile sinnvoll und schreibe die Wörter auf. Nutze die Betonungs- und die Bedeutungsprobe.

zurück – holen / auseinander – setzen / wieder – holen / aufeinander – achten / vor – sprechen / zusammen – spielen

___

___

b Bilde sinnvolle Sätze mit den Wörtern aus Aufgabe a.

___

___

___

___

___

___

___

___

___

Zusammengesetzte Verben mit *zu*- und Infinitiv mit *zu* unterscheiden

Die **Betonungsprobe** hilft bei der Unterscheidung von zusammengesetzten Verben mit *zu*- und Infinitivgruppen mit *zu*:
Wird *zu* betont → Zusammenschreibung.
Wird das Verb betont → Getrenntschreibung.

Tipp
Nutze die Betonungsprobe.

1 Entscheide, ob du zusammenschreiben oder getrennt schreiben musst. Ergänze die Sätze mit den Wörtern in Klammern in der richtigen Schreibweise.

1 Du solltest deine Gefühle ______________. (zu, geben)

2 Ich bitte dich, mir den Schlüssel ______________. (zu, geben)

3 Ich habe nicht erwartet, so ein Geschenk ______________. (zu, bekommen)

4 Wir müssen die Tür irgendwie ______________. (zu, bekommen)

5 Der Hund hat versucht, den Paketzusteller ______________. (zu, beißen)

6 Wegen Zahnweh konnte ich nicht richtig ______________. (zu, beißen)

7 Diese Beschreibung könnte auf den Täter ______________. (zu, treffen)

8 Ich bitte dich, eine Entscheidung ______________. (zu, treffen)

2 Infinitivgruppen müssen durch Komma abgegrenzt werden. Markiere in den Sätzen von Aufgabe 1 die Kommas und unterstreiche die Infinitivgruppen.

Werden **zusammengesetzte Verben mit *zu*-** in Infinitivgruppen verwendet, so steht *-zu-* in der Wortfuge und das Wort wird zusammengeschrieben.

3 Bilde aus den Wörtern in Klammern zusammengesetzte Verben und setze sie in der richtigen Schreibweise in die Infinitivgruppen ein.

1 Manche Autofahrer versuchen wirklich, jede Ecke *zuzuparken*. (zu, parken)

2 Es ist sehr schwierig, dir immer richtig ______________. (zu, hören)

3 Sie versuchte, den Fehler uns ______________. (zu, schreiben)

4 Es ist faszinierend, Vogelspinnen beim Häuten ______________. (zu, sehen)

4 Markiere in den Sätzen von Aufgabe 3 die Kommas und unterstreiche die Infinitivgruppen.

Die Schreibung von Straßennamen

Zusammengeschrieben werden **Straßennamen**, wenn sie folgende Bestandteile als Bestimmungswort haben:
- einteilige Personennamen, z. B.: *Schillerstraße, Einsteinplatz,*
- ungebeugte Adjektive, z. B.: *Rundweg, Blaugasse,*
- Nomen/Substantive, z. B.: *Bergstraße, Kastanienallee.*

Getrennt geschrieben werden Straßennamen, wenn sie folgende Bestandteile enthalten:
- gebeugte Adjektive, z. B.: *Alter Steinweg, Breite Straße, Innerer Ring,*
- geografische Eigennamen auf *-er* oder *-isch*, z. B.: *Rostocker Platz, Sächsische Straße,*
- eine Präposition (+ Artikel), z. B.: *Unter den Linden, Am Anger.*

Mit **Bindestrich** geschrieben werden Straßennamen, wenn sie mehrgliedrige Personennamen als Bestimmungswort haben, z. B.: *Robert-Schumann-Straße, Karl-Stülpner-Gasse, Gebrüder-Grimm-Platz.*

Achtung, Fehler!

Tipp
Wende die Regeln aus dem Merkkasten an.

Straßenschild in Bonn (früher Hauptstadt der BRD)

1 a Schreibe die Straßennamen in der richtigen Schreibweise auf und ordne sie in die Tabelle ein.

königludwigallee / kleinegasse / mozartplatz / aufdembreitenfeld / reeperbahn / unterdenlinden / schlossplatz / amkurzeneck / halberstädterstraße / alberteinsteinallee

Getrenntschreibung	Zusammenschreibung	mit Bindestrich

b Finde zu jeder Spalte zwei eigene Beispiele aus deiner Wohngegend. Schreibe in dein Heft.

2 Bilde aus Straßennamen und Verben sinnvolle Wortgruppen. Achte auf die Schreibweise der Straßennamen.

MAGDEBURGERSTRAẞE – BURGERLANDSTRAẞE – AMALTENMARKT – STEUBEN ALLEE – IMWINKEL – WALTHERRATHENAUSTRAẞE

sperren /wohnen / parken / befahren / anhalten / benutzen / einbiegen

die Magdeburger Straße sperren, ____________________

____

____

Wörter mit Bindestrich

Bindestriche erleichtern das Lesen von Wortzusammensetzungen. Mit Bindestrich werden folgende Wörter geschrieben:

a Zusammensetzungen mit einzelnen Buchstaben, Abkürzungen, Kurzwörtern oder Ziffern, z. B.: *A-Dur, c-Moll, x-beliebig, das Dehnungs-h, der Lkw-Verkehr, die Musik-CD, die WLAN-Verbindung, 13-jährig, der 5:1-Sieg, die W-Fragen,*

b unübersichtliche Zusammensetzungen mit mehr als zwei Bestandteilen, z. B.: *der Hals-Nasen-Ohren-Arzt, der 24-Zoll-Monitor, der Trimm-dich-Pfad,*

c Zusammensetzungen, die zu Missverständnissen führen können, z. B.: *das Druck-Erzeugnis* (Erzeugnis einer Druckerei) – *das Drucker-Zeugnis* (Zeugnis für einen Drucker),

d Eigennamen mit mehrteiligen Namen, z. B.: *die Goethe-Schiller-Gedenkstätte, der Nord-Ostsee-Kanal.*

Ein Bindestrich kann auch beim Zusammentreffen von drei gleichen Buchstaben in Zusammensetzungen gesetzt werden, z. B.: *das Tee-Ei* (auch *das Teeei*).

Achtung, Fehler!

1 Setze bei folgenden Beispielen den Bindestrich. Begründe deine Entscheidung, indem du die jeweils zutreffende Regel (a bis d) aus dem Merkkasten notierst.

Skurve / Lkwfahrer / Geschirrreiniger / 100jährig / Max Grimme Preis / 8Tonner / Elbe Havel Kanal / 3/4Takt / Kartoffel Gemüse Auflauf / 8Zylinder / Schritttempo / Hawaiiinseln /Streikende

die S-Kurve (a), ______________________

____

____

____

Achtung, Fehler!

2 Folgende Sätze enthalten fehlerhafte oder schwer lesbare Wortverbindungen. Markiere die Fehler und ungünstigen Schreibungen und korrigiere sie.

1. Bei der Polizeikontrolle musste der Fahrer seine Kfzpapiere zeigen.
2. Dein Makeup sieht sehr natürlich aus.
3. Den Icherzähler des Romans mag ich nicht so gern.
4. Die Lottoannahmestelle hat samstags geschlossen.
5. Der Auftritt unserer Schulband war das iTüpfelchen des Abends.

Bei der Polizeikontrolle musste der Fahrer seine Kfz-Papiere zeigen.

____

____

____

____

Abkürzungen und Kurzwörter

Abkürzungen sind in der Regel Einzelbuchstaben, Buchstabenfolgen oder Wortteile, die vorwiegend in der geschriebenen Sprache Verwendung finden. Man unterscheidet:
- **Abkürzungen mit einem Punkt**, z. B.: *Dr.* (Doktor), *usw.* (und so weiter),
- **Abkürzungen ohne Punkt** für Maßeinheiten, chemische Elemente, Himmelsrichtungen, Währungseinheiten, z. B.: *W* (Watt), *Zn* (Zink), *SW* (Südwest).

Kurzwörter werden teilweise auch im mündlichen Sprachgebrauch verwendet. Sie entstehen durch das Weglassen von Wortteilen, z. B.: *Fotografie* → *Foto.* Besondere Formen von Kurzwörtern sind **Buchstabenwörter** und **Silbenwörter**, z. B.: *Lkw* (Lastkraftwagen), *PLZ* (Postleitzahl), *TÜV* (Technischer Überwachungs-Verein), *Kriminalpolizei* → *Kripo, Bundesgartenschau* → *Buga.*

Tipp
Das Lied „MfG" von der Band *FANTA 4* enthält viele Abkürzungen und Kurzwörter. Recherchiere es im Internet.

1 In der Umgangssprache werden viele Kurzwörter genutzt.

a Schreibe zu folgenden Kurzwörtern die Langform auf.

Abi ______________ App ______________

Akku ______________ hundertpro ______________

Kuli ______________ Azubi ______________

Demo ______________ Reli ______________

Deo ______________ ego ______________

b Unter den Kurzwörtern von Aufgabe a findet sich ein Silbenwort. Markiere es.

c Notiere zu diesen Langformen die gebräuchlichen Kurzwörter mit Artikel.

1 die Universität ______________
2 die Information ______________
3 die Diskothek ______________
4 der Schiedsrichter ______________
5 die Mayonnaise ______________
6 die Limonade ______________

●●● **d** Erkläre die Herkunft und Bedeutung der Silbenwörter „Moped" und „Trafo". Schlage ggf. in einem Wörterbuch nach. Schreibe ins Heft.

2 Manche Kurzwörter werden mit einem Bindestrich geschrieben. Ergänze die jeweilige Langform in der Tabelle.

die E-Mail	
das U-Boot	
die S-Bahn	
die A-Bombe	
die U-Haft	

3 In Anzeigen werden meist viele Abkürzungen genutzt.

a Schreibe folgende Anzeige in Langform auf.

Hausreinigung u./od. Gartenpflege (m/w/d)
Bln.-Grünau
Stellenanz. aus B.Z. (veröff. vor 13 Tagen)
Minijob o. auf selb. Basis, Bez. n. Vereinb.
Bitte meld. b. Haus-Service: Tel. 030/68831748

____

____

____

b Du suchst einen Ferienjob. Formuliere eine Anzeige. Verwende dabei Abkürzungen. Schreibe in dein Heft.

4 **a** Nutzt du diese Abkürzungen? Schreibe die Bedeutungen der folgenden Abkürzungen auf, die vor allem in der Internetkommunikation vorkommen.

Tipp
Recherchiere ggf. im Internet.

ka ______________ kp ______________

lg ______________ lol ______________

bb ______________ omg ______________

____

____

b Ergänze weitere Abkürzungen, die du nutzt, und ihre Langformen auf den Schreiblinien in Aufgabe a.

Fremdwörter

Fremdwörter haben typische Wortbestandteile, die immer gleich geschrieben werden. Die **Präfixe *prä-*, *anti-*, *pro-*, *inter-* und *trans-*** stammen **aus dem Lateinischen** und gehören zu den gebräuchlichsten Fremdwortpräfixen.
Sie geben den Wörtern unterschiedliche Bedeutungen.

- *prä-* (vor, voran, vorher, voraus, vorne, vorzeitig), z. B.: *präparieren* (vorbereiten), *präsentieren* (vorstellen),
- *pro-* (vor, vorwärts, hervor, anstatt, für), z. B.: *die Progression* (das Voranschreiten, der Fortschritt), *proeuropäisch* (für Europa), *das Pronomen* (statt des Nomens),
- *anti-* (gegen), z. B.: *antiautoritär* (gegen Autoritäten), *antifaschistisch* (gegen Faschismus),
- *inter-* (zwischen, mitten), z. B.: *international* (zwischen den Nationen), *interkontinental* (zwischen den Kontinenten),
- *trans-* (über, hinüber, hindurch, quer durch, jenseits, über … hinaus), z. B.: *der Transport* (das Überführen, das Befördern), *der Transfer* (das Überleiten, die Übertragung, der Wechsel).

1 Markiere die Präfixe in folgenden Fremdwörtern und erschließe deren Bedeutung. Erkläre die Fremdwörter jeweils in einem Satz.

Tipp
Nimm ggf. den Merkkasten und ein Wörterbuch zu Hilfe.

1 Prolog *Ein Vorwort kann auch als „Prolog" bezeichnet werden.*

2 präsentieren ______

3 Antipathie ______

4 Interpret ______

5 transparent ______

6 antizyklisch ______

2 **a** Kennst du Fremdwörter mit den Präfixen *pro-*, *inter-* und *prä-*? Schreibe einige Beispiele auf.

Tipp
Denke z. B. an Fachwörter aus dem Deutschunterricht.

die Präposition, ______

______

______

b Notiere zwei Sätze mit Fremdwörtern aus Aufgabe a.

______

______

Tipp
Schlage ggf. in einem Wörterbuch nach.

3 Welches Fremdwort passt?

a Streiche das jeweils unpassende Fremdwort durch.

1 Nach der Operation erfolgt eine antiseptische/antistatische Behandlung der Wunde.
2 Ich möchte sichergehen, dass ihr im Praktikum so proaktiv/produktiv wie möglich seid.
3 Die Ergebnisse eurer Gruppenarbeit werdet ihr in der Klasse präferieren/präsentieren.
4 Das nächste Musikstück ist ein heiteres Intermezzo/Interregnum.
5 In letzter Sekunde gelang dem 1. FC Magdeburg der Transfer / die Transformation eines erfahrenen Stürmers.

b Recherchiere die Bedeutung dir unbekannter Fremdwörter. Schreibe sie in dein Heft.

●●● **c** Verwende die in Aufgabe a durchgestrichenen Fremdwörter in Sätzen. Schreibe in dein Heft.

Wortliste
prähistorisch / Transfusion / Antikörper / intervenieren / Probanden /

4 Ergänze ein passendes Fremdwort aus der Wortliste.

1 Mit dieser Impfung soll der Mensch möglichst viele ____________________ bilden können.

2 Für die Untersuchungsreihe benötigen wir ____________________ zwischen 13 und 15 Jahren.

3 Wieder hat ein ______________ Fund gezeigt, dass der afrikanische Kontinent als die Wiege der Menschheit bezeichnet werden kann.

4 Wir haben bereits versucht, in dieser Sache zu ____________________.

5 Es muss geprüft werden, ob das Blut für eine ____________________ geeignet ist.

5 Verwende die Fremdwörter aus Aufgabe 5 in eigenen Sätzen.

____

____

____

____

____

Der folgende Text hilft dir herauszufinden, was du schon sicher kannst und was du noch üben musst. Folgende Bereiche kannst du überprüfen:

A Verstehen von Texten (Aufgaben 1–3)	ca. 20 min		/ 15 P.
B Grammatik (Aufgaben 4–7)	ca. 25 min		/ 33 P.
C Rechtschreibung (Aufgaben 8–11)	ca. 25 min		/ 21 P.
Insgesamt	ca. 70 min		/ 69 P.

A Textverständnis

1 Erschließe den folgenden Sachtext.

1 P. Überfliege den Text und erfasse das Thema. Ergänze den folgenden Satz.

Der Text beschäftigt sich mit ____________________

____

____

Professorin Maja Göpel ist Expertin für Nachhaltigkeitspolitik und Transformationsforscherin. Transformation heißt, dass sich Technologien und Prozesse grundlegend wandeln – innerhalb einer Gesellschaft oder auch weltweit. Als Wissenschaftlerin untersucht sie hochkomplexe Systeme, die prägend für unseren Alltag sind, sucht neue Wege, wie wir unseren Lebensstil ändern und mit Krisen auf unserem Planeten umgehen können.

Um die globalen Lebensgrundlagen steht es schlecht. Die Situation hat sich in vielen Ländern zum Negativen entwickelt. Nicht nur Wetterphänomene sind deutliche Alarmzeichen, die zeigen, dass die Klimakrise längst da ist. Weltweit brennen Wälder und trocknen Flüsse aus. Wirtschaftliche Entwicklungen und die hohe Inflation führen zu zunehmender Verarmung von Teilen der Bevölkerung. In der Ukraine und anderen Teilen der Welt herrschen Kriege.

In ihrem Buch „Wir können auch anders" zeigt Maja Göpel neue Wege und Möglichkeiten auf, Dinge anders anzugehen. Eine Hoffnung, denn die aktuelle Lage ist ernst, und umso erfreulicher, dass jede und jeder Einzelne etwas bewirken kann. Die eine Lösung gibt es allerdings nicht für unsere Probleme, da unsere Welt komplex ist und alle Systeme untereinander vernetzt sind. Die Professorin analysiert bestehende Strukturen sehr genau und beschreibt, wie sie geändert werden können. Ihr Buch hilft, vielfältige Zusammenhänge zu verstehen. Es zeigt auf, worauf es beim Navigieren in ein nachhaltiges Morgen ankommt.

Derzeit stehen z. B. fossile Brennstoffe in der Diskussion. Die Energiegewinnung aus Kohle, Erdöl und Erdgas ist sehr umweltschädlich, weil viel CO_2 entsteht. Die Nutzung von Sonne und Wind hingegen kann dazu beitragen, Klimaziele zu erreichen.

Eine starke Reduktion von CO_2 ist in den nächsten acht bis zehn Jahre notwendig. Artenreiche Mischwälder scheinen die aktuelle Antwort zu sein, denn sie können große Mengen an Kohlendioxid binden.

Nicht nur die Erderwärmung ist zu stoppen. Wir Menschen muten unserem Planeten weitere zahllose Belastungen zu, die ihn an seine Grenzen bringen. Wenn wir unseren Lebensstil nicht radikal ändern, treiben wir ins Ungewisse. Es stellt sich nämlich die Frage: Wann sind zu viele Tier- und Pflanzenarten ausgestorben, zu viel Süßwasser verbraucht und zu viel Land versiegelt, um auf diesem Planeten leben zu können?

Maja Göpel betrachtet es als zukunftsweisend, Landnutzung multifunktional anzulegen. Dies zielt darauf ab, durch kluge Planung auf einer Fläche möglichst viele Bedürfnisse wie Ernährung, Artenschutz, Wohnen, Energiegewinnung und Ressourcenschonung gleichzeitig zu befriedigen.

Die meisten Menschen wissen, dass der Klimaschutz ein überlebenswichtiges Thema ist. Die Folgen des Klimawandels führen zum Verlust von Lebensgrundlagen, verstärken Armut und gesellschaftliche Konflikte im Kampf um Ressourcen. Die Kosten dafür werden viel größer sein als alle Investitionen in Transformationen. Wir müssen umdenken, das bedeutet z. B. auch, das Streben nach Wachstum und materiellem Besitz zu hinterfragen. In diesem Punkt muss jede und jeder selbst nachdenken. Fakt ist jedenfalls, dass die Zahl von Menschen wächst, die z. B. den hohen Fleischkonsum, Flugreisen, Wegwerfprodukte oder das Anhäufen von Konsumprodukten nicht mehr für zeitgemäß halten.

2 Lies den Text noch einmal gründlich und beantworte folgende Fragen.

1 P.

1 Womit beschäftigt sich eine Transformationsforscherin? Notiere einen ganzen Satz.

3 P.

2 Wodurch haben sich die weltweiten Lebensgrundlagen verschlechtert? Nenne die Begründungen, die im Text genannt werden, und notiere sie stichpunktartig.

3 P.

3 Wodurch wird unsere Umwelt belastet? Notiere, welche Beispiele im Text genannt werden.

2 P.

4 Die Wissenschaftlerin weist auch auf konkrete Maßnahmen hin, wie CO_2 reduziert werden kann. Nenne zwei Maßnahmen und notiere sie mit der entsprechenden Textstelle.

2 P.

5 Was ist unter *multifunktionaler Landnutzung* zu verstehen? Erkläre den Begriff mithilfe eines Zitats. Nenne auch die Textstelle.

2 P.

6 Wie kann jede und jeder Einzelne aktiv zum Klimaschutz beitragen? Nenne zwei Möglichkeiten. Beziehe dich auf den Text oder mache eigene Vorschläge.

___

___

1 P.

3 Formuliere eine geeignete Überschrift und schreibe sie über den Text.

Gesamtpunktzahl Teil 1: ... P. / 15 P.

B Grammatik

4 In folgenden Sätzen fehlen die Kommas.

4 P. / ½ P. pro Verbform

Achtung, Fehler!

a Unterstreiche zuerst die finiten Verbformen in den Hauptsätzen.

1 Statt auf einem Feld endlos Raps und Weizen anzupflanzen sollte unter Bäumen angebaut werden die Schatten spenden und Wasser im Boden halten.

2 Das würde nicht nur Erträge sichern sondern auch Kohlendioxid aufsaugen Wasserkreisläufe binden und den Boden vor dem Austrocknen schützen.

3 Dass uns der Klimawandel wirklich vor eine Gesundheitskrise stellt ist sicher.

4 Viele Hitzetote die Gefährdung der Ernährungssicherheit und der Zugang zu sauberem Wasser sind Faktoren die den Klimawandel bisher begleiten.

5 Das Jahr 2019 war von einem wachsenden Klimabewusstsein geprägt das auch durch weltweites Engagement von Jugendlichen verstärkt wurde.

6 Eine neue globale Krise die Covid-19-Pandemie rückte das Thema Gesundheit in den Mittelpunkt der öffentlichen und politischen Aufmerksamkeit.

5 P. / ½ P. pro Komma

b Setze alle fehlenden Kommas.

3 P.

c Notiere zu folgenden Sätzen die Satzbilder.

Satz 3: ___

Satz 4: ___

Satz 5: ___

8 P. / ½ P. pro Beispiel

5 Finde zu jeder der folgenden Wortarten zwei Beispiele in den Sätzen von Aufgabe 3. Schreibe die Nomen/Substantive mit Artikel auf.

Nomen/Substantiv: ______________________________

Verb: ______________________________

Adjektiv: ______________________________

Konjunktion: ______________________________

Artikel: ______________________________

Präposition: ______________________________

Pronomen: ______________________________

Adverb: ______________________________

5 P.

6 Setze in folgendem Zitat alle fehlenden Satzzeichen.

Unsere Aktion beeinflusst die nächste Reaktion im System sagt Maja Göpel Die meisten Menschen wissen, dass der Klimaschutz ein überlebenswichtiges Thema ist

7 Folgende Sätze enthalten Verbformen im Konjunktiv.

5 P.

a Unterstreiche alle Konjunktivformen.

Die Expertin sagt, die Menge an Kohlendioxid, die die Atmosphäre aufnehmen könne, ohne dass sich das Klima rasant verändere, sei begrenzt.

(____________________)

Pflanzt man Bäume dorthin, wo sie nicht hingehören, könnte es sein, dass sie zu viel Wasser verbrauchen. (____________________)

Die Erderwärmung müsste dringend gestoppt werden. (____________________)

3 P.

b Entscheide, ob Konjunktiv I oder II verwendet wurde. Ergänze deine Ergebnisse in Klammern hinter den Sätzen.

Gesamtpunktzahl Teil 2: ... P. / 33 P.

C Rechtschreibung

5 P. / ½ P. pro Groß-schreibung

8 Schreibe die folgenden Sätze in der richtigen Groß- und Kleinschreibung auf.

WETTERPHÄNOMENE ZEIGEN, DASS DIE KLIMAKRISE DA IST.

____

DURCH DAS ERWÄRMEN DER MEERESOBERFLÄCHE NEHMEN STÜRME ZU.

____

____

DÜRREPERIODEN SORGEN FÜR EIN AUSTROCKNEN DER BÖDEN, SO KOMMT ES SCHNELLER ZU WALDBRÄNDEN.

____

____

____

4 P.

9 Der Text aus Aufgabe 1 auf Seite 91 enthält einige Nominalisierungen/Substantivierungen.

Finde vier Beispiele und schreibe sie mit den Begleitwörtern auf die passende Schreibzeile zu a) oder b).

a nominalisiertes Adjektiv (2)

____

b nominalisiertes Verb (2)

____

5 P.

10 Getrennt oder zusammen? Ergänze die Wörter in Klammern in der richtigen Schreibweise.

1 In Umbruchzeiten wie diesen sollte sich jede/-r selbst ____________________ (hinter, fragen).

2 Wissenschaftler machen auf den Klimawandel aufmerksam und meinen, wir müssen ____________________ (Alarm, schlagen).

3 Die Folgen des Klimawandels sind in unterschiedlichen Bereichen sehr ______________________ (schwer, wiegend).

4 Die Covid-19-Pandemie kann unser Wirtschaftssystem beeinträchtigen und uns in der Entwicklung ______________________ (zurück, werfen).

5 Jede und jeder Einzelne kann etwas bewirken und ______________________ (mit, helfen).

11 Wie gut kennst du dich mit Fremdwörtern aus?

3 P. / ½ P. pro richtiger Lösung

a Verbinde die Fremdwörter auf der linken Seite mit der jeweils richtigen Bedeutung.

analysieren	Mittel, Quellen
Inflation	untersuchen
fundamental	Einschränkung
Reduktion	Geldentwertung
Investition	ausschlaggebend
Ressourcen	Kosten

4 P.

b Schreibe zu folgenden Fremdwörtern die Verben auf.

Navigation ______________________ System ______________________

Konsum ______________________ Investition ______________________

Gesamtpunktzahl Teil 3: ... P. / 21 P.